드럼을 위한
리듬 트레이닝
RHYTHM TRAINING

2

아이디어 콘셉트
응용편

score

머리말

〈리듬 트레이닝〉 시리즈는 드럼을 전공하는 학생들이 기본적으로 악보를 보는 방법과 그 악보를 해석하고 분석하는 훈련을 통해서 실제 연주를 조금 더 체계적으로 할 수 있도록 돕는 데 목적이 있습니다.

〈리듬 트레이닝 2〉에서는 1권과는 달리 조금 더 심화된 학습으로 다양한 아이디어 콘셉트를 응용하여 효과적으로 연주할 수 있는 방법을 제시해 줍니다. 이번 교재를 통해 1권에서 공부했던 악보들을 다양한 패턴으로 응용해 보고 간단한 8th Notes, 16th Notes, Triplet Notes 악보를 보고 재즈컴핑, 솔로, 보사노바컴핑, 삼바컴핑, 셔플 베이스라인, 펑크리듬과 솔로로 응용하는 악보를 그려보고 연주할 수 있습니다.

〈리듬 트레이닝 2〉가 제안하는 활용법

1. 1권의 학습을 확실히 마치고 시작하세요.

2. 동봉된 CD나 메트로놈에 맞추어 소리내어 연습하세요.

3. 제시된 콘셉트에 따라 연습노트에 악보를 그려 완성해 보세요.

4. 내가 그린 악보를 직접 연주해 보세요.

모든 학생이 〈리듬 트레이닝〉 시리즈를 충분히 연습한다면 연주뿐만 아니라 노트 사운드를 실제로 적용하는 훈련을 통해 자신만의 리듬, 필인, 솔로까지 본인이 직접 만들고 연주를 하게 될 것입니다.

저자 유 상 일

차 례 | CONTENTS

01 노트의 정의 및 노트 사운드 복습 · 5

02 | 아이디어 콘셉트 | 기본 패턴 · 7

03 | 아이디어 콘셉트 1 | Jazz Comping(Snare Comping) · · · · · · · · · · · · · · · 8

04 | 아이디어 콘셉트 2 | Jazz Comping(Bass Comping) · · · · · · · · · · · · · · · · · 12

05 | 아이디어 콘셉트 3 | Jazz Comping(Snare & Bass Kick Comping) · · · · · · 16

06 | 아이디어 콘셉트 4 | Jazz Comping(Jazz Solo) · 20

07 | 아이디어 콘셉트 5 | 셔플(Shuffle) 베이스라인 · 24

08 | 아이디어 콘셉트 6 | 보사노바(Bossanova)(Snare Comping) · · · · · · · · · · 28

09 | 아이디어 콘셉트 7 | 삼바(Samba)(Snare Comping) · · · · · · · · · · · · · · · · · 32

10 | 아이디어 콘셉트 8 | 16th Notes(Snare & Kick 응용 패턴) · · · · · · · · · · · · 36

11 | 아이디어 콘셉트 9 | Simple 8th Notes 응용 패턴 · · · · · · · · · · · · · · · · · · · 46
　① 8th Notes 리듬　　　　　② 보사노바(Bossanova) Comping
　③ 재즈(Jazz) Comping　　　④ 셔플 베이스 라인(Shuffle Bass Line)

12 | 아이디어 콘셉트 10 |
16th Notes에서 나올 수 있는 15가지 패턴으로 솔로(Solo) 만들어보기 · · · · 62

13 | 아이디어 콘셉트 11 | 16th Notes를 이용한 탐 솔로(Tom Solo) 패턴 · · · · · · · · 68

14 | 아이디어 콘셉트 12 | 탐 솔로(Tom Solo) 응용 패턴 · · · · · · · · · · · · · · · · · · · 72

노트의 정의 및 노트 사운드 복습

〈리듬 트레이닝 1〉교재에서 중요하게 이야기했던 노트의 정의와 노트 사운드를 복습하고 시작합니다.

① Quarter Notes : 4/4박자 기준으로 한 마디 안에 Quarter Note가 4개 있는 것입니다.

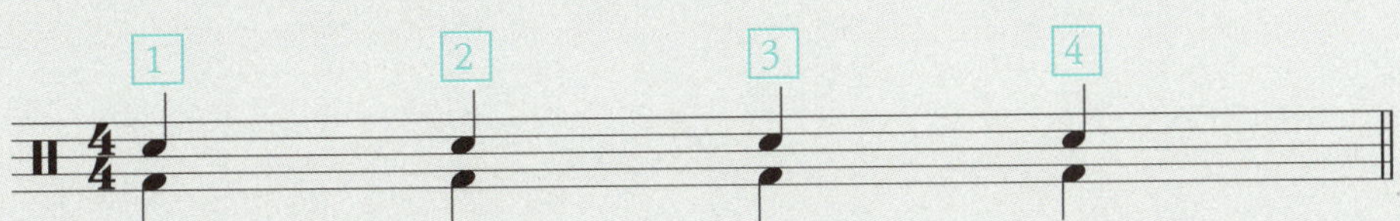

② 8th Notes : 4/4박자 기준으로 한 마디 안에 8th Note가 8개 있는 것입니다.

③ Triplet Notes : 4/4박자 기준으로 한 마디 안에 Triplet Note가 4개 있는 것입니다.

④ 16th Notes : 4/4박자 기준으로 한 마디 안에 16th Note가 16개 있는 것입니다.

⑤ 16th Triplet Notes : 4/4박자 기준으로 한 마디 안에 16th Triplet Note가 4개 있는 것입니다.

⑥ 32nd Notes : 4/4박자 기준으로 한 마디 안에 32nd Note가 32개 있는 것입니다.

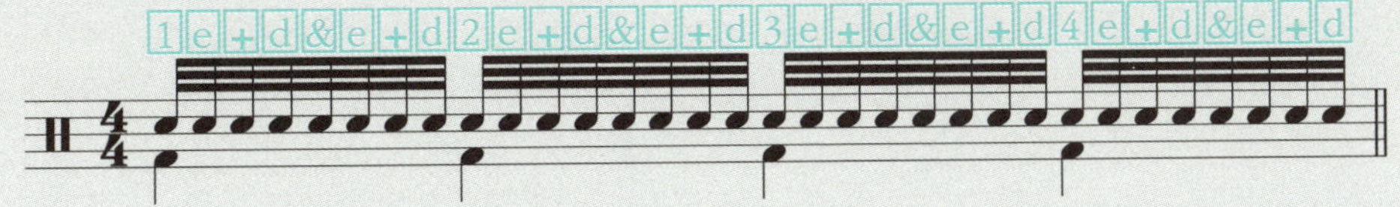

아이디어 콘셉트

〈리듬 트레이닝 1〉에서 봤던 이 악보를 이용해 다양한 패턴을 공부해 보겠습니다.

악보를 보고 8th Notes 사운드로 소리내어 연주해 보세요.

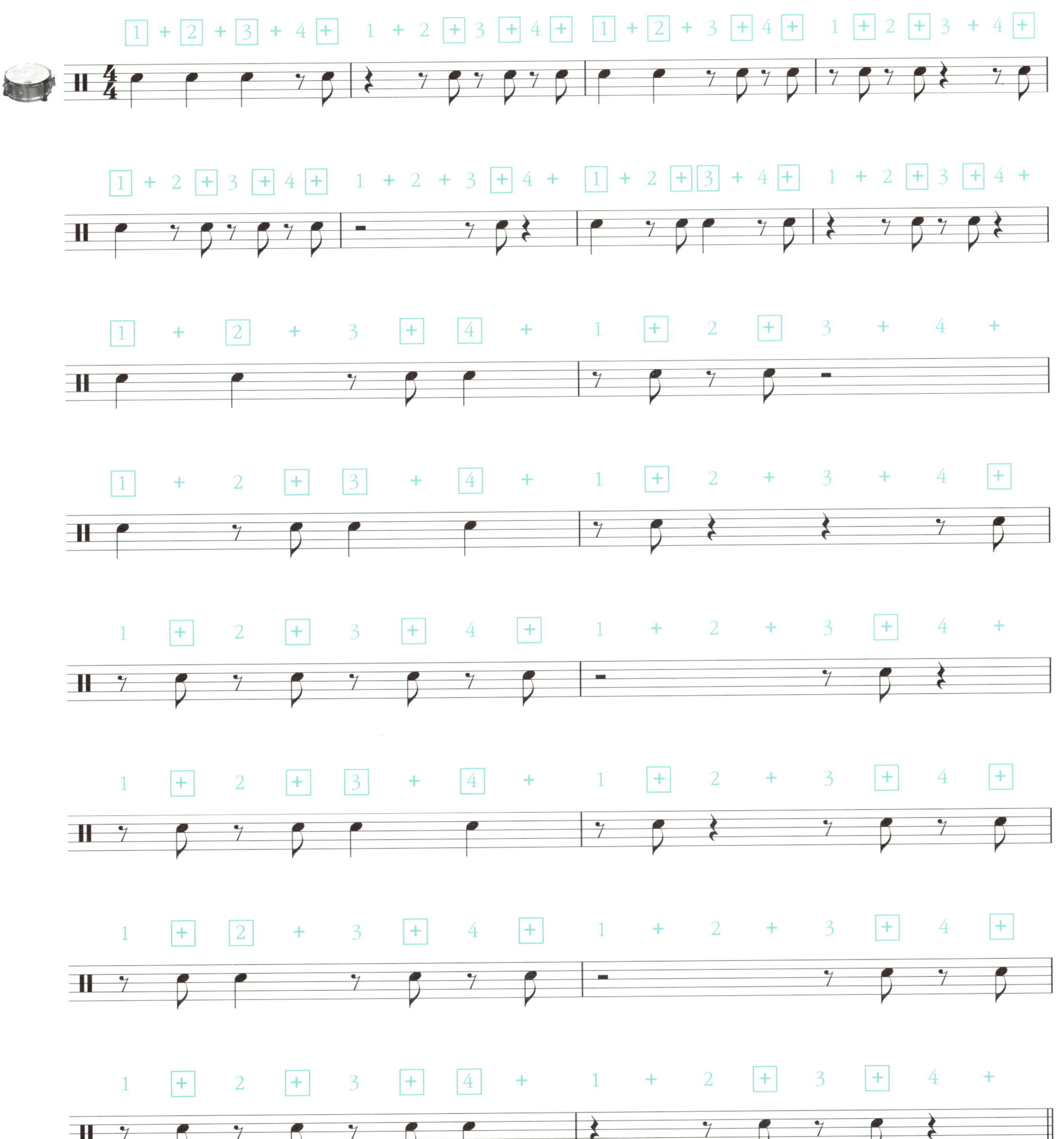

STEP 03

| 아이디어 콘셉트 1 | Jazz Comping(Snare Comping)

기본 패턴을 이용해서 Jazz Comping을 연주해 보세요.
여기서 말하는 Jazz Comping을 하기 위해서는 먼저 Swing 리듬에 대한 공부가 선행되어야 하며, 이 악보는 8th Notes이기 때문에 Jazz Comping을 하기 위해서 Triplet Notes로 응용해야 합니다.
그래서 ♩= 1 t t, 𝄾♪ = 1 t t로 적용해서 연주해야 합니다.

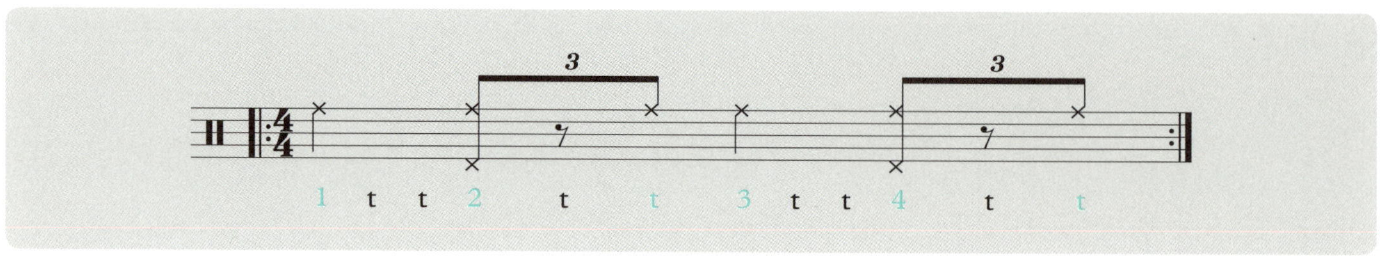

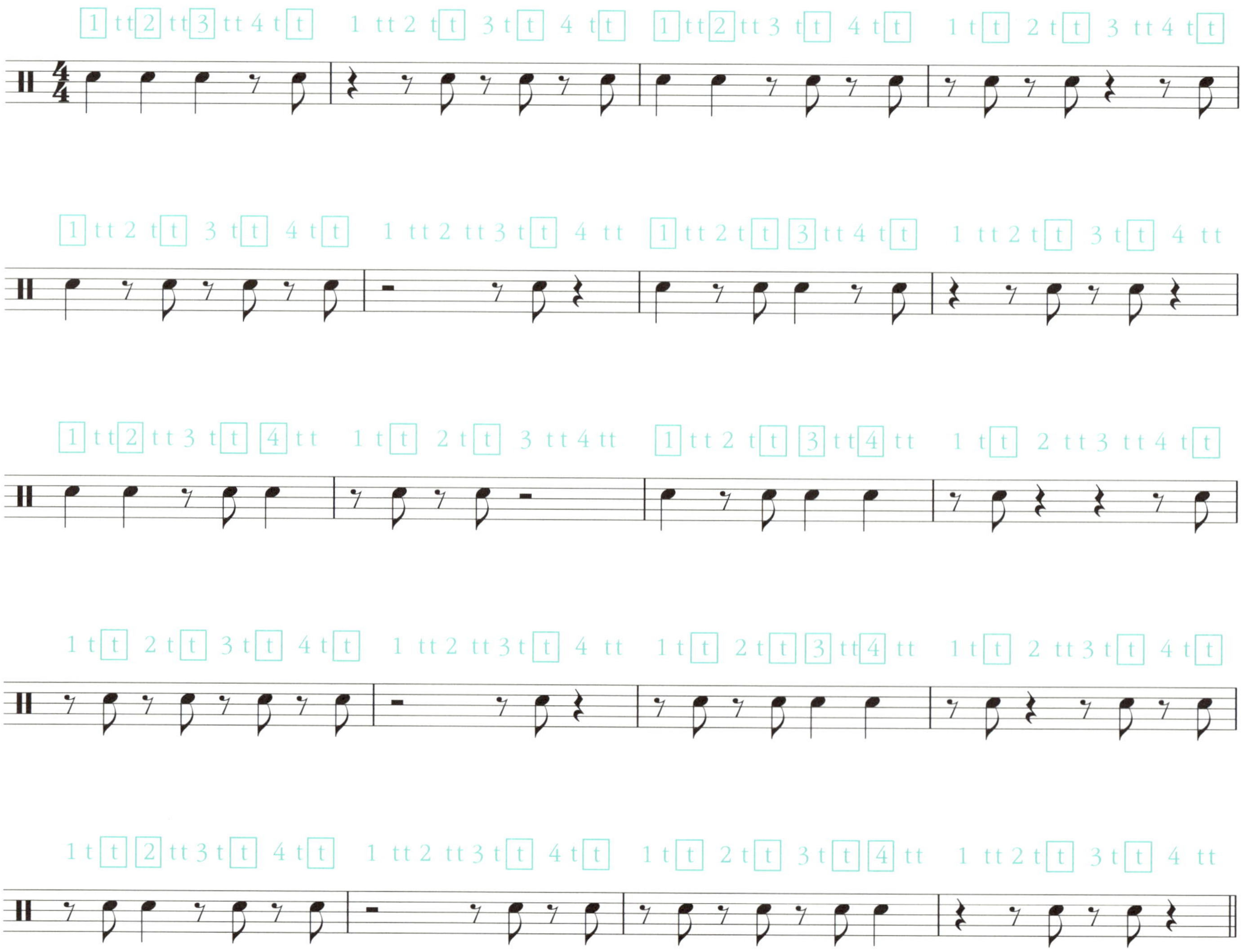

왼쪽 페이지에 있는 악보를 ♩= 1 t t, ♪ = 1 t t 로 적용하면

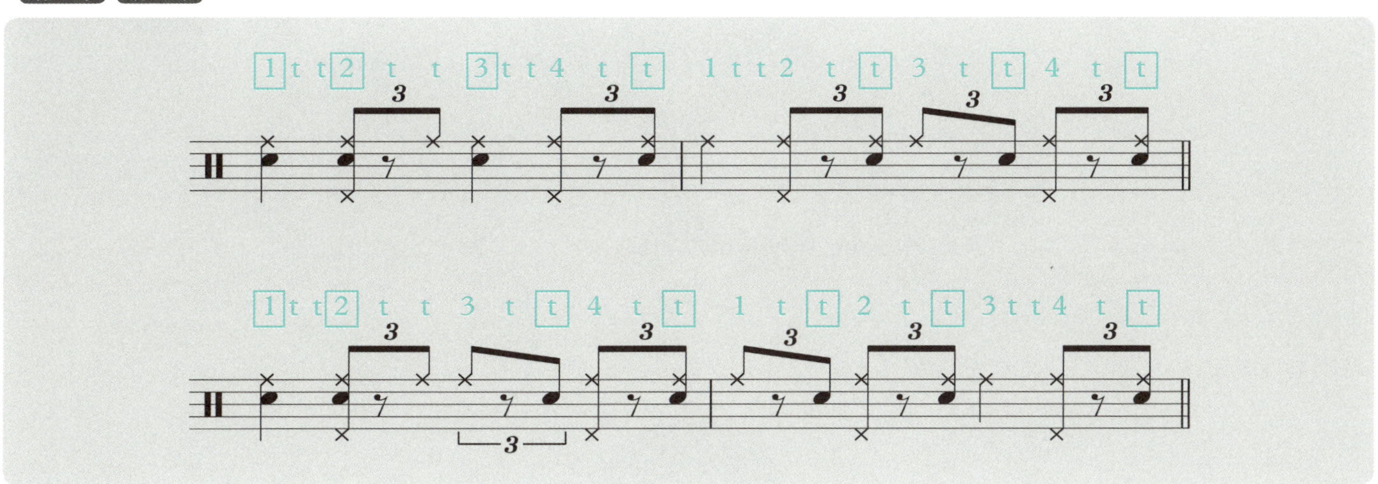

본문에서 말한 스윙리듬의 포인트를 한번 더 생각해보고, 나머지 4줄도 똑같이 그려보고 연습해 보세요.

[연습 과제] Snare Comping

악보에 직접 노트를 표시해보고 재즈 악보로 다시 그려 연주해 보세요.

STEP 04

| 아이디어 콘셉트 2 |

Jazz Comping(Bass Comping)

앞에서 공부한 재즈 스네어 컴핑을 베이스 킥으로 적용해서 연주해 보세요.

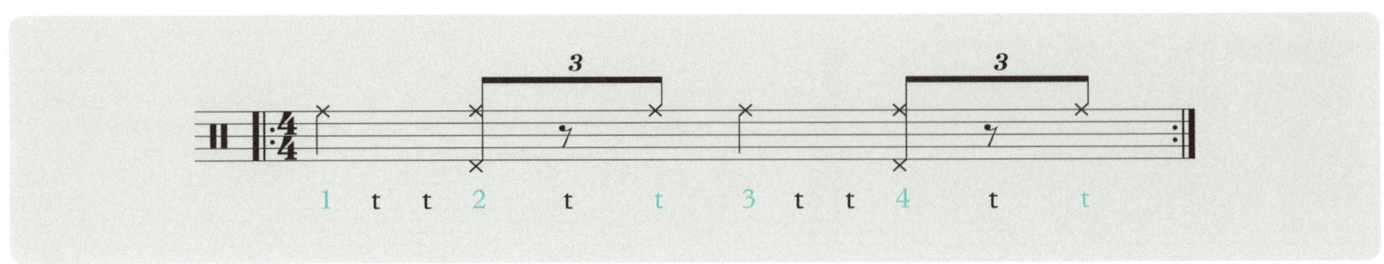

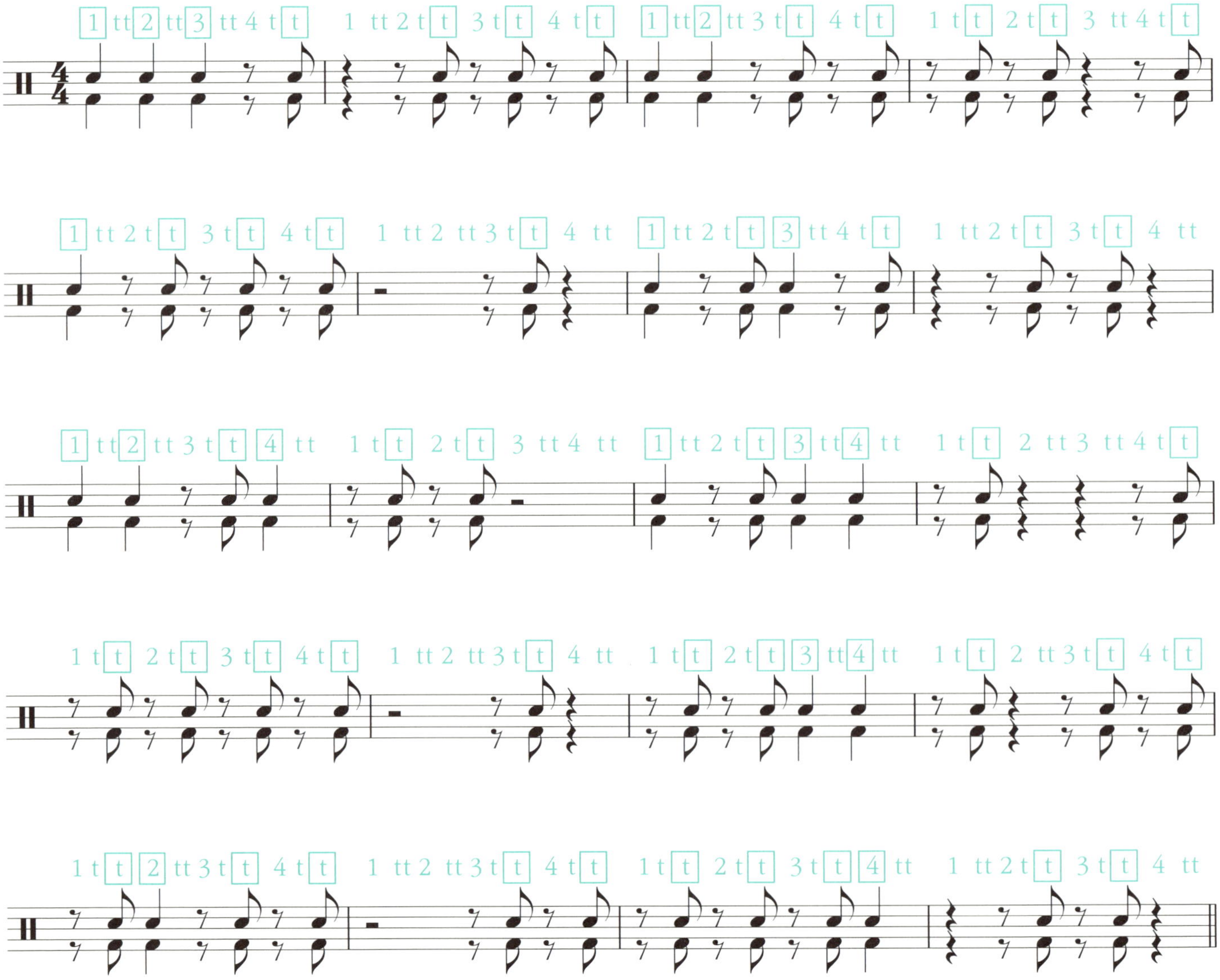

왼쪽 페이지에 있는 악보를 ♩ = 1 t t, ♪ = 1 t t로 적용하면

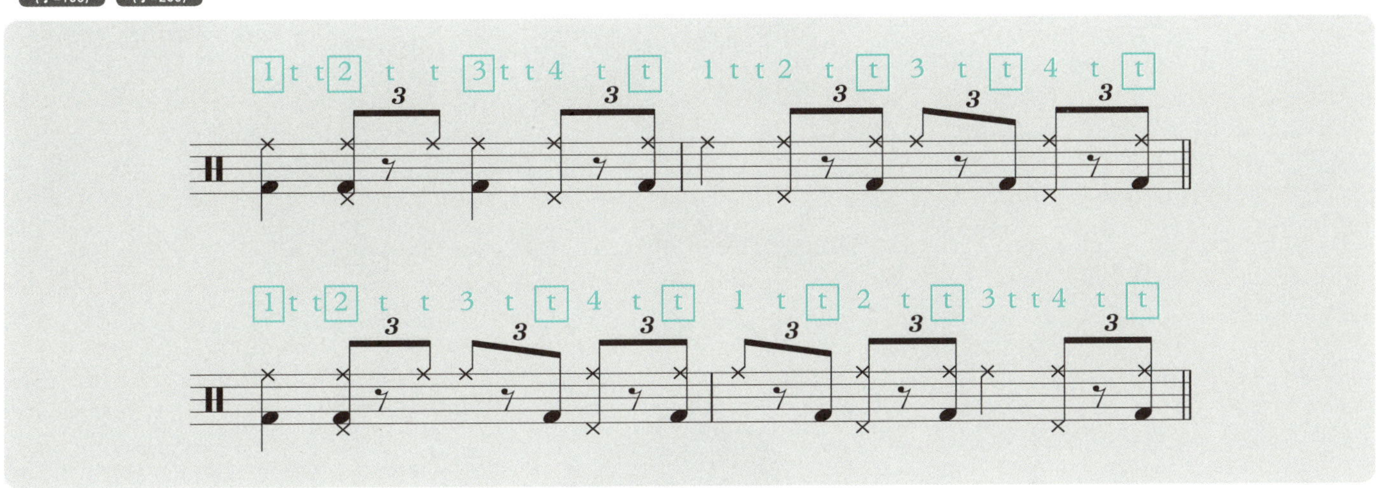

스윙리듬의 포인트를 한번 더 생각해보고, 나머지 4줄도 똑같이 그려 연습해 보세요.

악보에 직접 노트를 표시해보고 재즈 악보로 다시 그려 연주해 보세요.

| 아이디어 콘셉트 3 | Jazz Comping(Snare & Bass Kick Comping)

아이디어 콘셉트 1, 2를 충분히 연습한 후 스네어 컴핑과 베이스 킥 컴핑을 한 번씩 연주하는 방법입니다.
많이 어려울 수 있으나, 충분히 천천히 연습하며 익혀보세요.

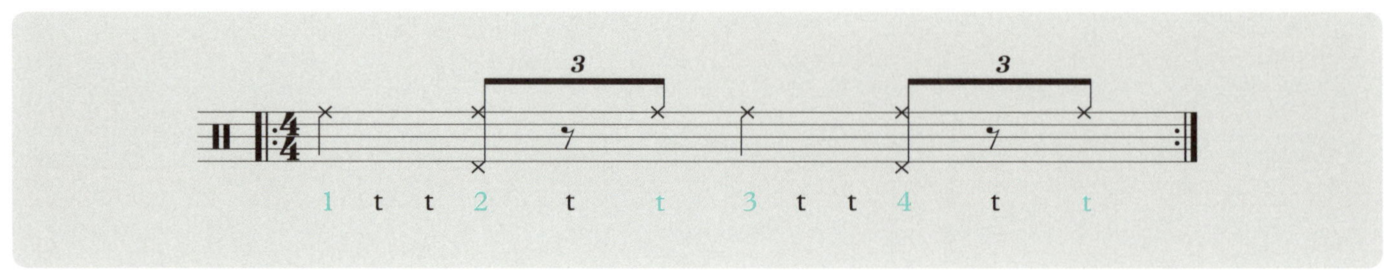

홀수 박은 스네어 컴핑, 짝수 박은 베이스 킥 컴핑을 합니다.

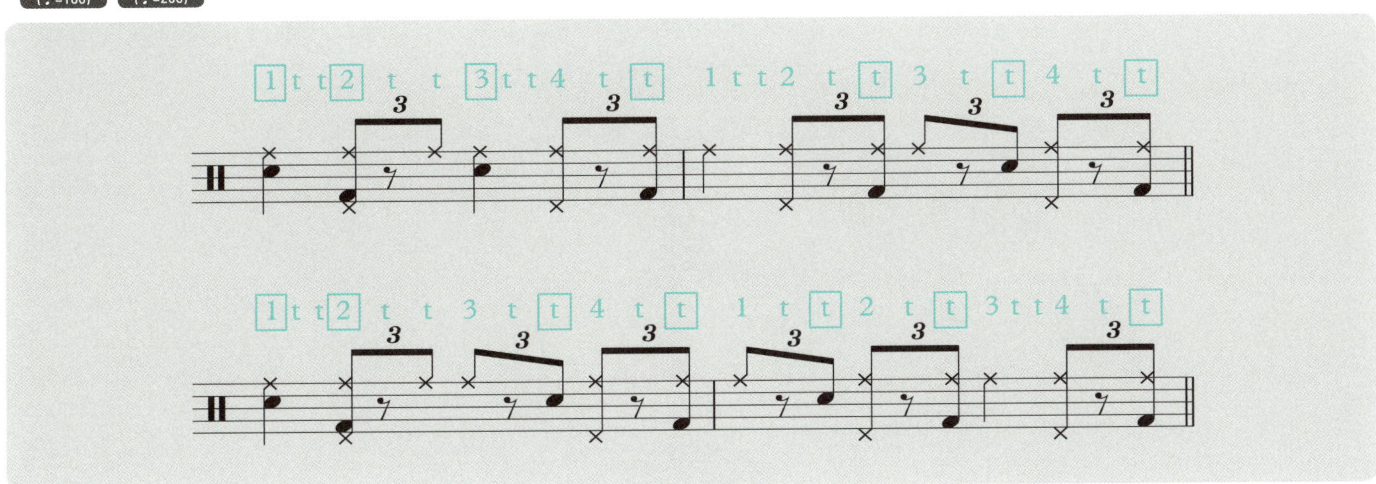

나머지 4마디도 똑같이 그려보고 연습해 보세요.

 Snare & Bass Kick Comping

악보에 직접 노트를 표시해보고 재즈 악보로 다시 그려 연주해 보세요.

| 아이디어 콘셉트 4 | # Jazz Comping(Jazz Solo)

아이디어 콘셉트 4는 재즈 Solo 응용패턴으로, 기본 패턴을 보고 재즈 Solo 연주를 하며
여기서도 먼저 공부해야 할 테크닉이 있습니다.

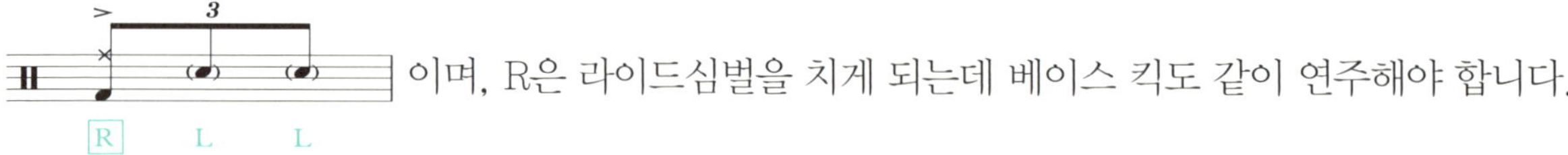

① $\downarrow$ = R L L 을 악보로 표현한다면,

이며, R은 라이드심벌을 치게 되는데 베이스 킥도 같이 연주해야 합니다.

L L은 스네어 드럼을 치되 작은 소리로 연주하세요.

② = L L R 을 악보로 표현한다면,

이며, 여기서도 L L은 작게 치고 R은 베이스 킥과 함께 연주하세요.

③ = R L R L L R 을 악보로 표현한다면,

이며, 이론상으론 R L L L L R이 되어야 하는데 중간 L이 네 번 나오게 되어

연주의 편의를 위해 R L R L L R로 연주하세요.

④ = R L R 을 악보로 표현한다면,

이며, 악센트 없이 스네어 드럼을 작게 연주하면 됩니다.

이 4가지 패턴을 손과 발이 편안하고 자연스럽게 연주할 수 있도록 많이 연습해야 합니다.

〈리듬 트레이닝 1〉에서 봤던 이 악보를 이용해 다양한 패턴을 공부해 보겠습니다.

악보를 보고 8th Notes 사운드로 소리내어 연주해 보세요.

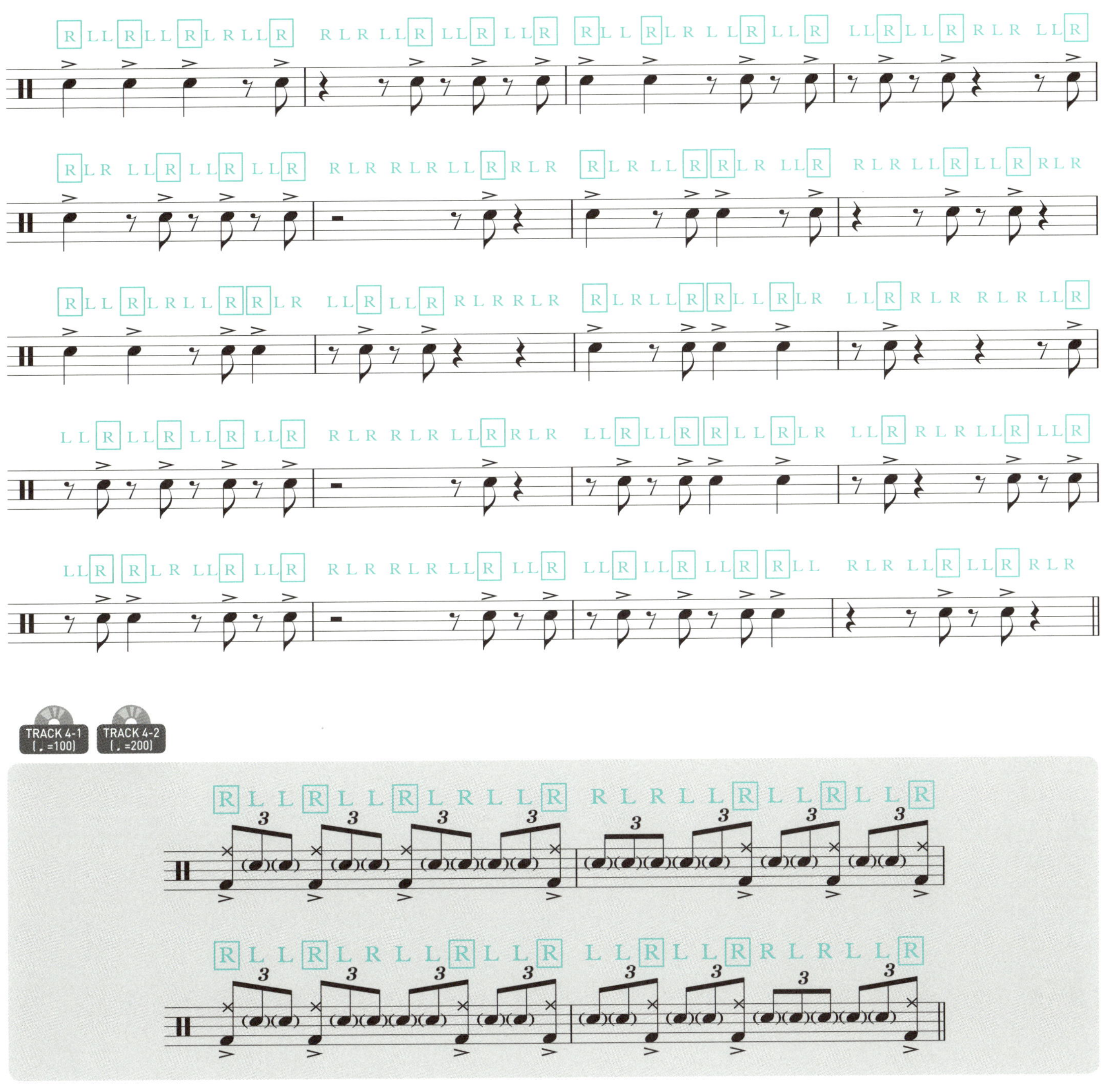

나머지도 똑같이 그려보고 연습해 보세요.

악보에 직접 노트를 표시해보고 재즈 악보로 다시 그려 연주해 보세요.

 # 셔플(Shuffle) 베이스라인

이번 아이디어 콘셉트 역시 셔플이라는 리듬이 선행되어 있어야 하며,
기본 패턴을 통해서 아이디어 콘셉트를 공부해 보겠습니다.

Shuffle Rhythm - Triplet notes(1 t t, 2 t t, 3 t t, 4 t t)

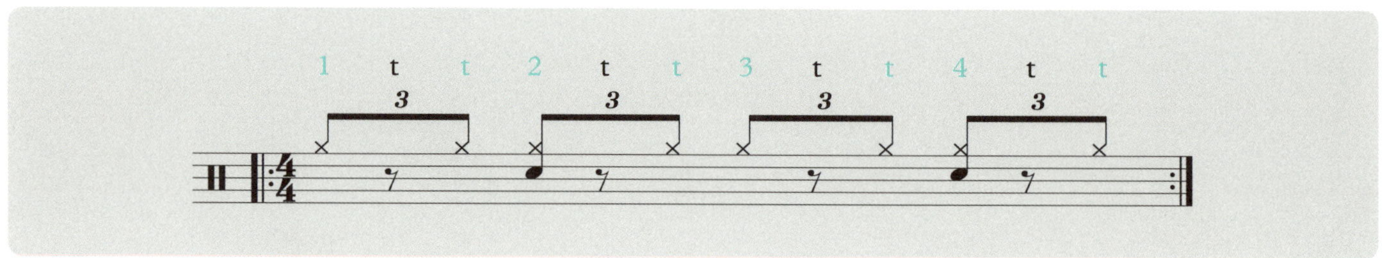

첫줄 4마디를 셔플 베이스라인 콘셉트로 적용해 보았습니다. Triplet notes 사운드와 함께 연습해 보세요.

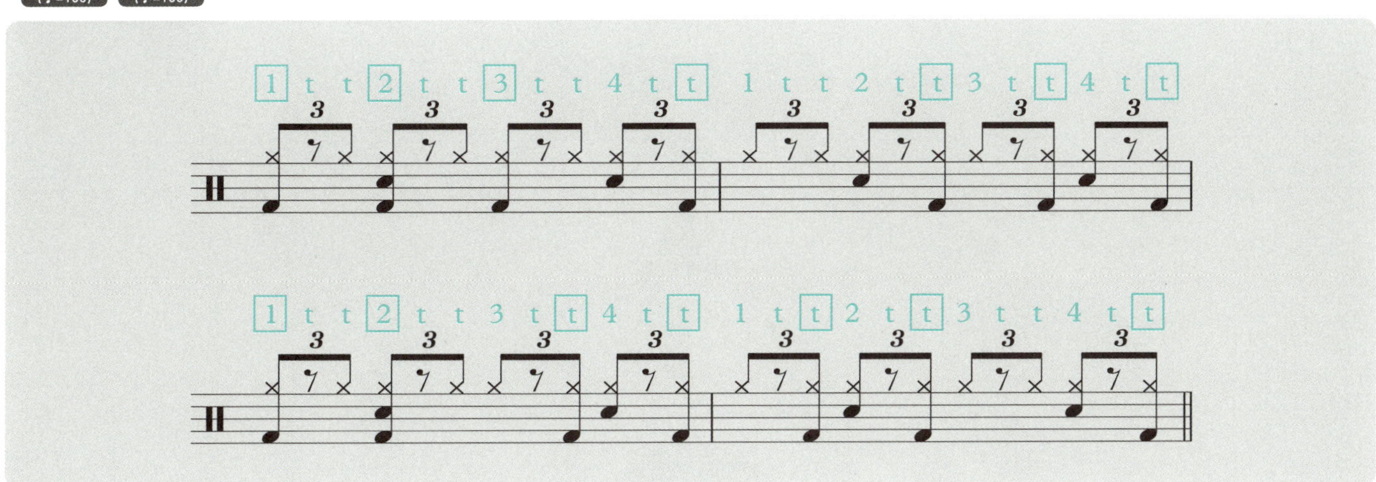

나머지 4마디도 똑같이 그려보고 연습해 보세요.

[연습 과제] 셔플(Shuffle) 베이스라인

악보에 직접 노트를 표시해보고 셔플 베이스 라인 악보로 다시 그려 연주해 보세요.

| 아이디어 콘셉트 6 | 보사노바(Bossanova)(Snare Comping)

이번 아이디어 콘셉트 역시 보사노바라는 리듬이 선행되어 있어야 하며, 보사노바 리듬은 8th Notes입니다.
(1 +, 2 +, 3 +, 4 +)

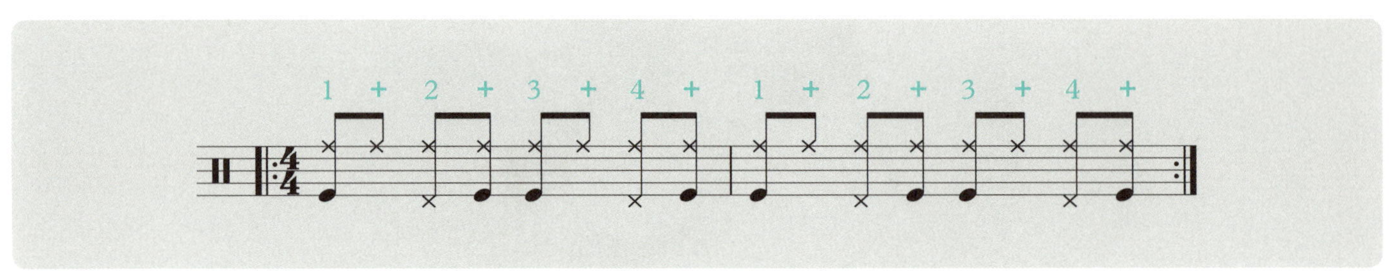

첫줄 4마디를 보사노바 스네어 컴핑 콘셉트로 적용해 보았습니다. 8th Notes 사운드와 함께 연습해 보세요.

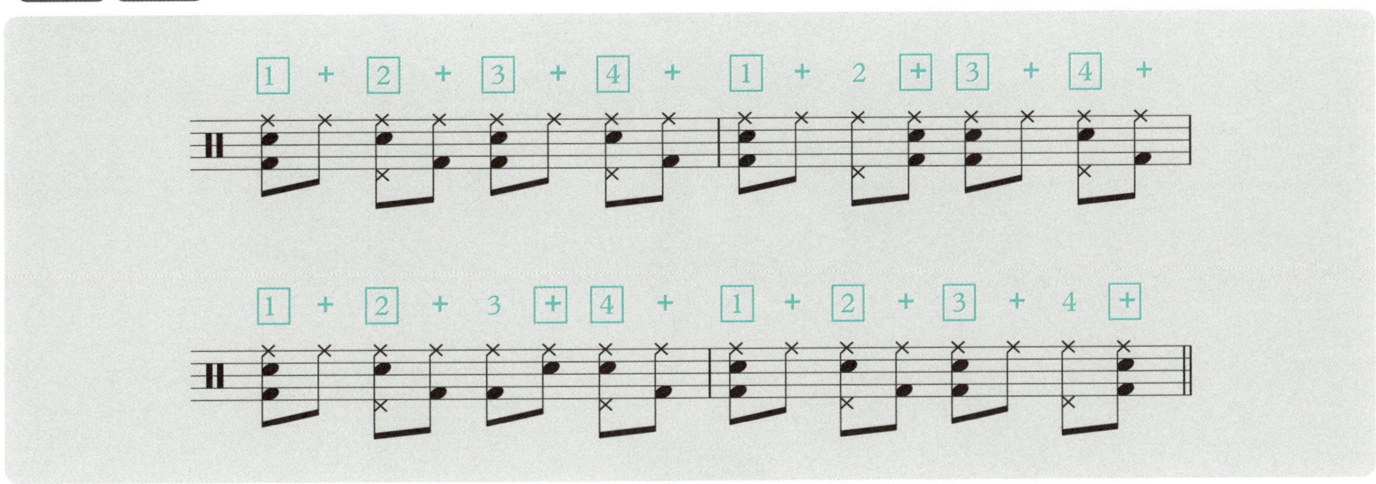

나머지 4마디도 똑같이 그려보고 연습해 보세요.

[연습 과제] 보사노바(Bossanova)(Snare Comping)

악보에 직접 노트를 표시해보고 보사노바 컴핑으로 다시 그려 연주해 보세요.

| 아이디어 콘셉트 7 | # 삼바(Samba)(Snare Comping)

이번 아이디어 콘셉트 역시 삼바 리듬이 선행되어 있어야 하며, 컷 타임(Cut Time)에 대한
공부가 필요합니다. 컷 타임은 박에 2비트를 포함하는 것으로 $\frac{2}{4}$ 박자를 말합니다.
삼바 컴핑을 연습하기 위해서 보사노바 컴핑을 적용했던 8th Notes 악보를 컷 타임 박자를 적용해서
연주하는 것이 몹시 어려울 수 있지만, 충분히 연습한다면 누구나 쉽게 따라할 수 있습니다.

컷 타임(Cut Time) 연습
먼저 8th Notes 악보를 연주해 보세요.

이 8th Notes 악보의 두 번째 마디를 예를 들어 컷 타임으로 설명한다면,

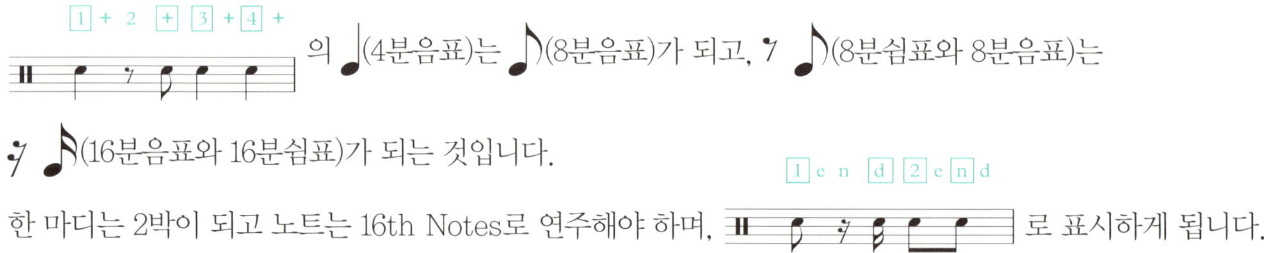

의 ♩(4분음표)는 ♪(8분음표)가 되고, 𝄾 ♪(8분쉼표와 8분음표)는
𝄾 ♪(16분음표와 16분쉼표)가 되는 것입니다.

한 마디는 2박이 되고 노트는 16th Notes로 연주해야 하며, 로 표시하게 됩니다.

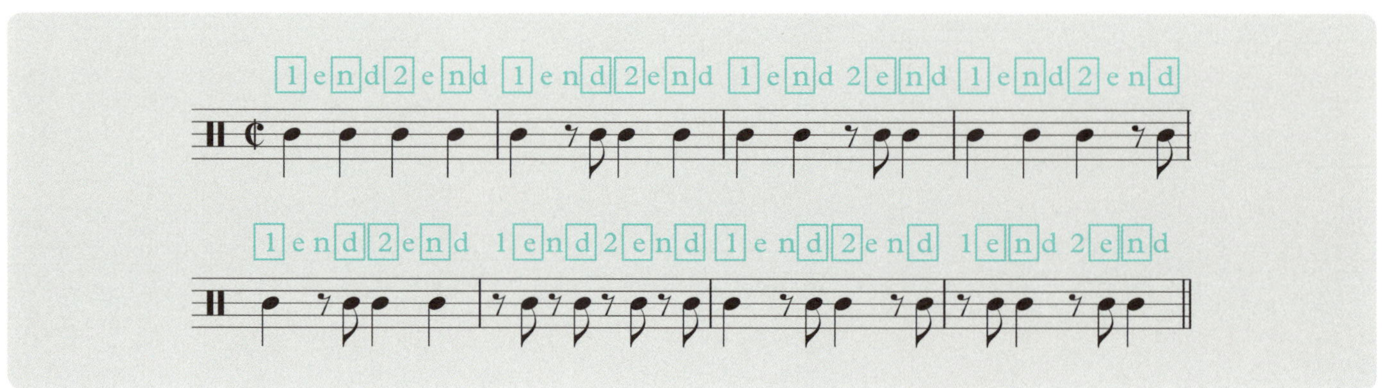

컷 타임(Cut Time) 연습은 Samba Comping을 하기 위해서도 열심히 연습해야 하지만,
악보를 센스있게 보고 연주할 수 있는 훈련이기에 더 많이 적용해보고 연주해 봐야 합니다.

[연습 과제] Samba Rhythm → (2박자 16th notes/1 e n d, 2 e n d)

악보에 직접 노트를 표시해보고 삼바 컴핑으로 다시 그려 연주해 보세요.

TRACK 7-1 (♩=100) TRACK 7-2 (♩=130)

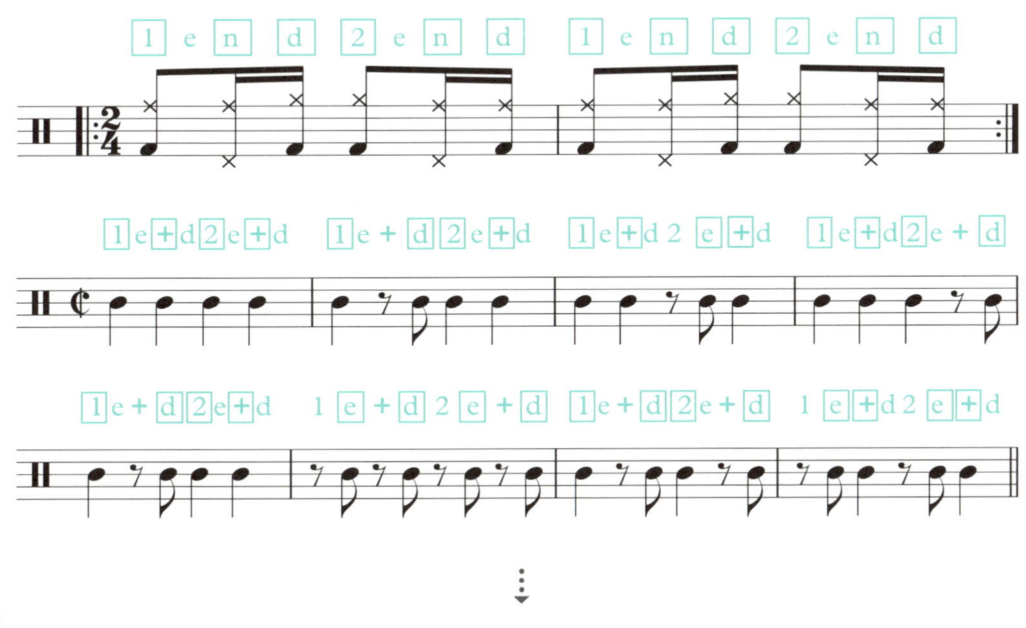

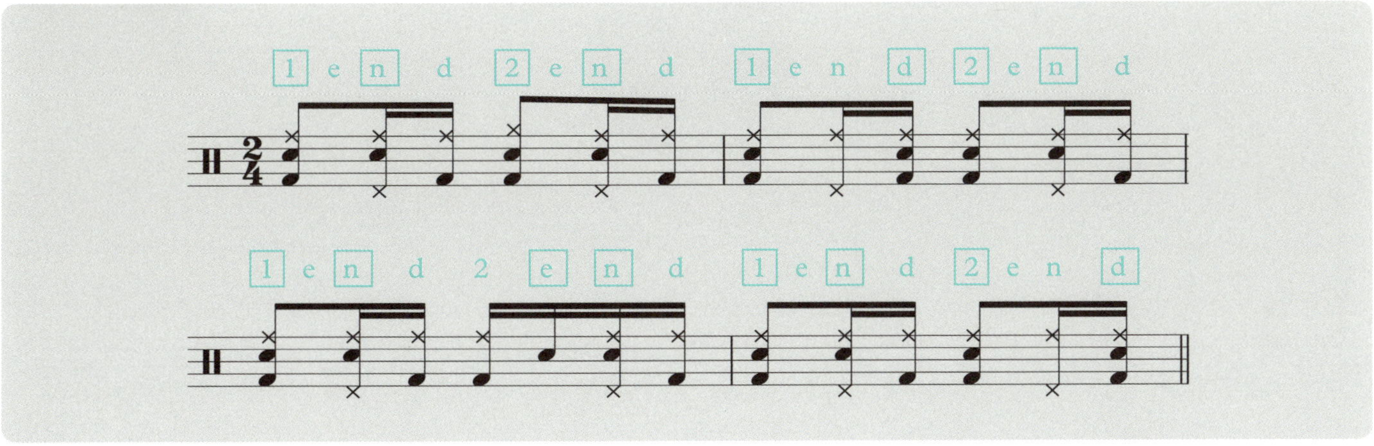

첫줄 4마디를 삼바 스네어 컴핑 콘셉트로 적용해 보았습니다. 16th Notes 사운드로 함께 연습해 보세요.
나머지 4마디도 똑같이 그려보고 연습해 보세요.

[연습 과제] Samba Snare Comping

악보에 컷 타임 표시를 한 후에 삼바 스네어 컴핑 연주를 해보세요.

| 아이디어 콘셉트 8 |

16th Notes (Snare & Kick 응용 패턴)

이번 아이디어 콘셉트는 16th Notes를 스네어와 베이스 킥으로 적용해 보겠습니다.
변칙적으로 나오는 스네어와 베이스 킥을 16th Notes를 이용해 공부해 봅시다.

① 첫 번째 패턴을 8th Notes 리듬으로 연주하면

악보의 첫 번째, 두 번째 마디를 8th Notes 리듬으로 설명해 보겠습니다.

나머지도 똑같이 그려보고 연습해 보세요.

② 두 번째 패턴은 원핸드 16th Notes 리듬으로 연주하면서 아래 악보를 연주하세요.
  (1 e n d, 2 e n d, 3 e n d, 4 e n d)

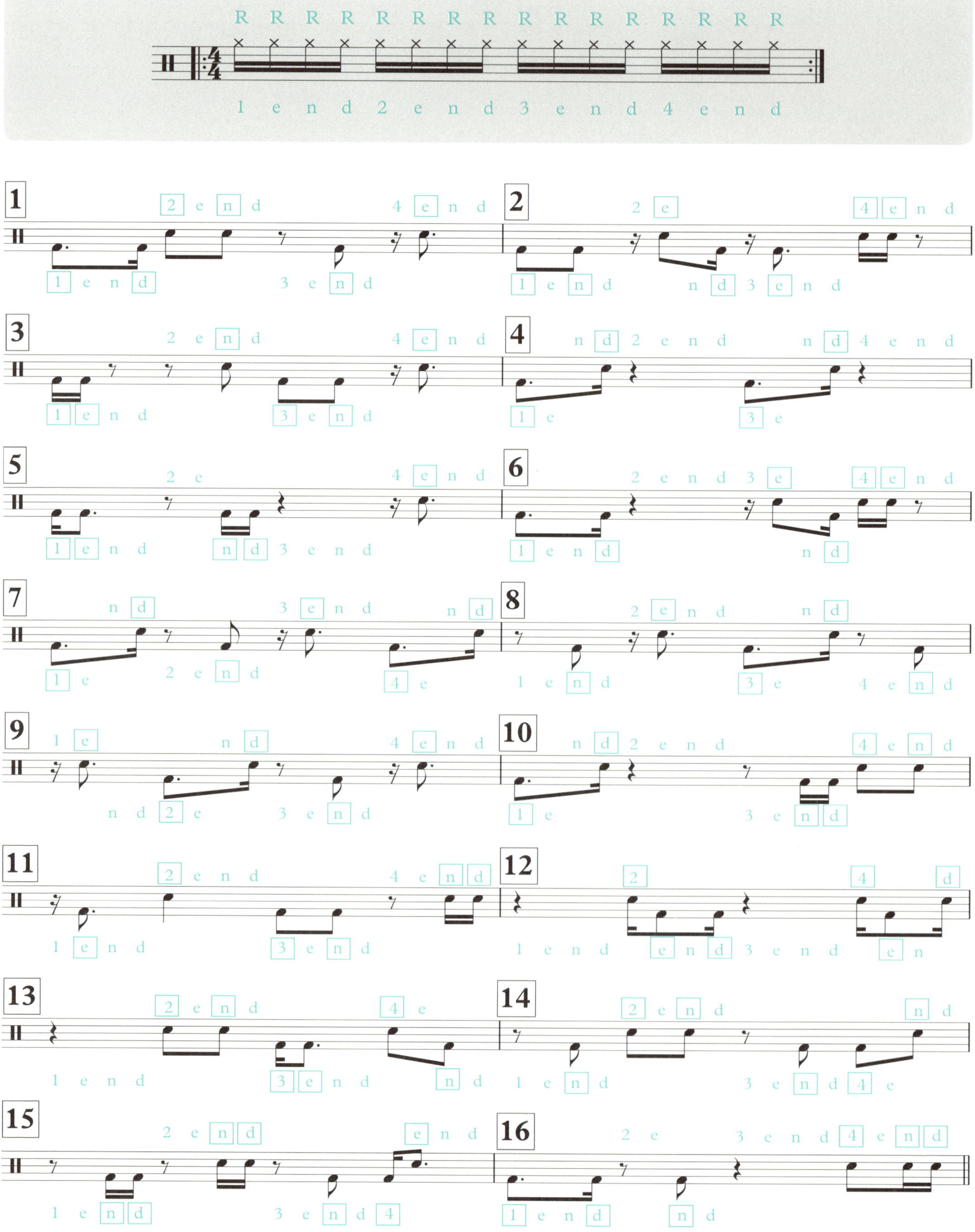

악보의 첫 번째, 두 번째 마디를 16th Notes 원핸드 리듬으로 설명해 보겠습니다.

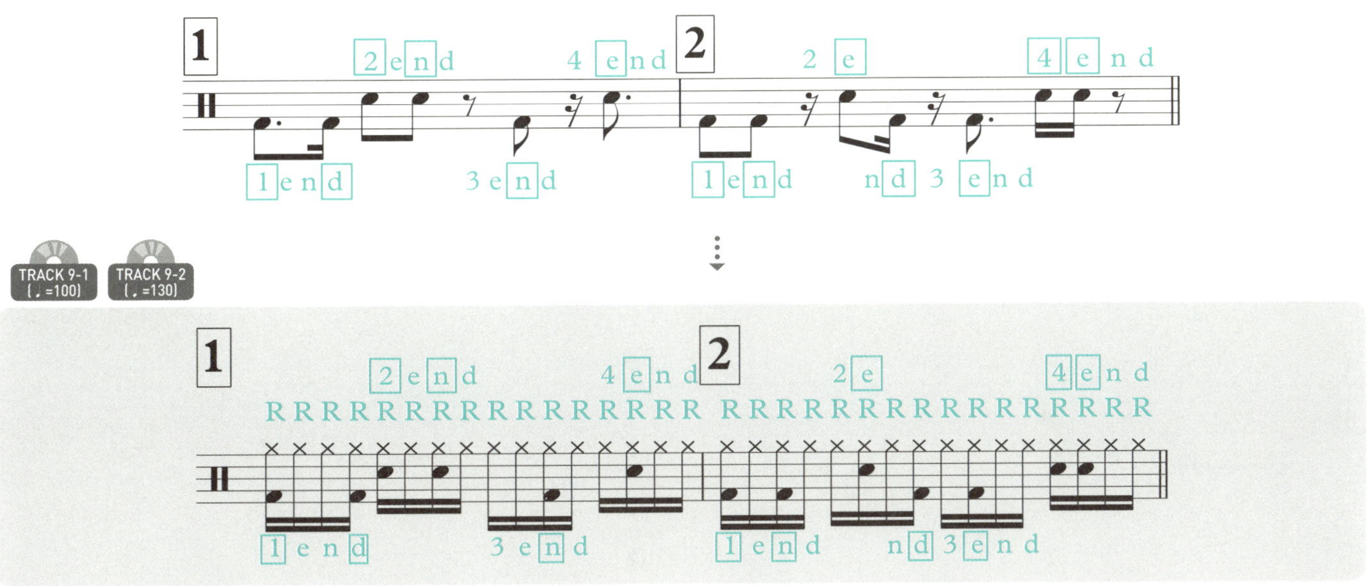

나머지도 똑같이 그려보고 연습해 보세요.

③ 세 번째 패턴은 투핸드 16th Notes 리듬으로 연주하면서 아래 악보를 연주하세요.
   (R = 오른손, L = 왼손을 말합니다. 하이햇을 이용해 연주하세요.)

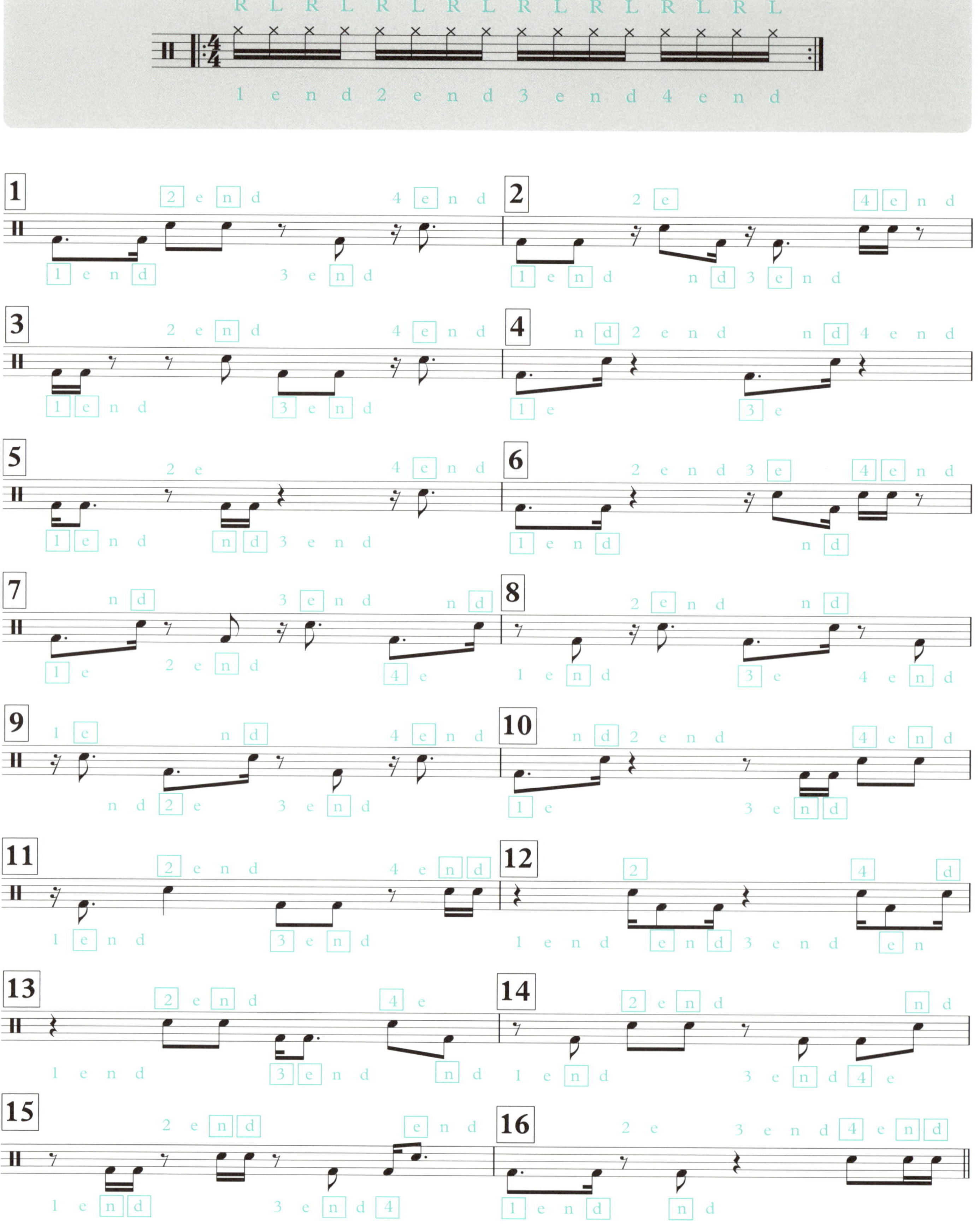

악보의 첫 번째, 두 번째 마디를 8th Notes 리듬으로 설명해 보겠습니다.

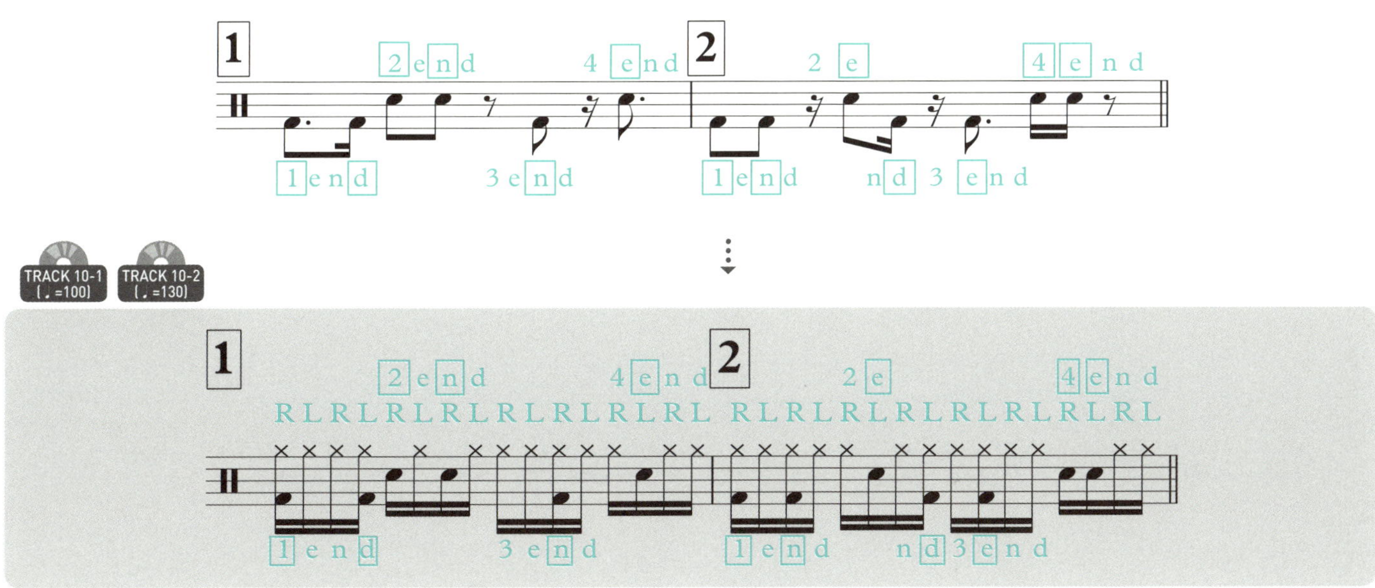

나머지도 똑같이 그려보고 연습해 보세요.

④ 네 번째 패턴은 투핸드 16th Notes 리듬으로 연주하면서 아래 악보를 연주하세요.
   (R = 오른손, L = 왼손을 말합니다. 하이햇을 이용해 연주하세요.)

악보의 첫 번째, 두 번째 마디를 16th Notes 투핸드 리듬(R:라이드심벌, L:하이햇)으로 설명해 보겠습니다.

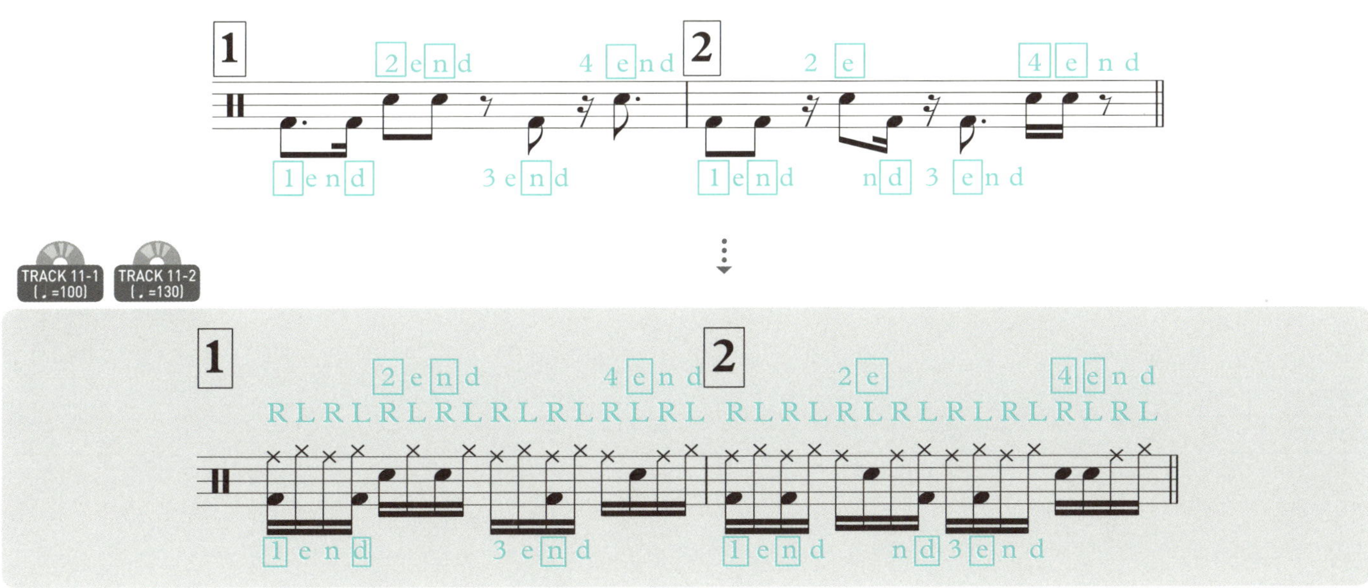

나머지도 똑같이 그려보고 연습해 보세요.

[연습 과제] 16th Notes Snare & Bass Kick 응용 패턴 만들어보기 - 1

16th Notes 스네어, 베이스 킥 패턴에서는 더 많은 응용 패턴으로 만들어볼 수 있습니다.

16th Notes 안에서 변칙적으로 스네어와 베이스 킥 위치를 표시하고 리듬을 만들어 보세요.

[연습 과제] 16th Notes Snare & Bass Kick 응용 패턴 만들어보기 - 2

16th Notes 스네어, 베이스 킥 패턴에서는 더 많은 응용 패턴으로 만들어 볼 수 있습니다.

16th Notes 안에서 변칙적으로 스네어와 베이스 킥 위치를 표시하고 리듬을 만들어 보세요.

| 아이디어 콘셉트 9 | # Simple 8th Notes 응용 패턴

변칙적으로 나오는 스네어와 베이스 킥을 8th Notes를 이용해 공부해 봅시다.

이 악보를 4가지 패턴으로 응용해볼 것입니다.

① 8th Notes 리듬
② 보사노바(Bossanova) Comping
③ 재즈(Jazz) Comping
④ 셔플 베이스 라인(Shuffle Bass Line)

심플한 악보를 보고 다양한 리듬 패턴으로 응용하고,
실제 연주에도 좋은 아이디어로 표현해볼 수 있도록 공부해 보세요.

① 8th Notes 리듬 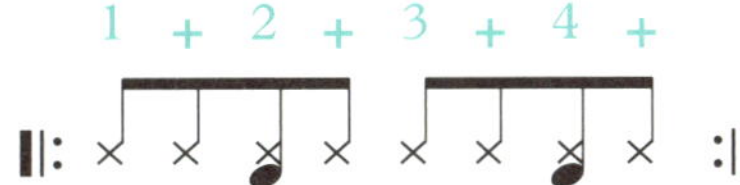

(8th Notes 사운드는 1 +, 2 +, 3 +, 4 +)

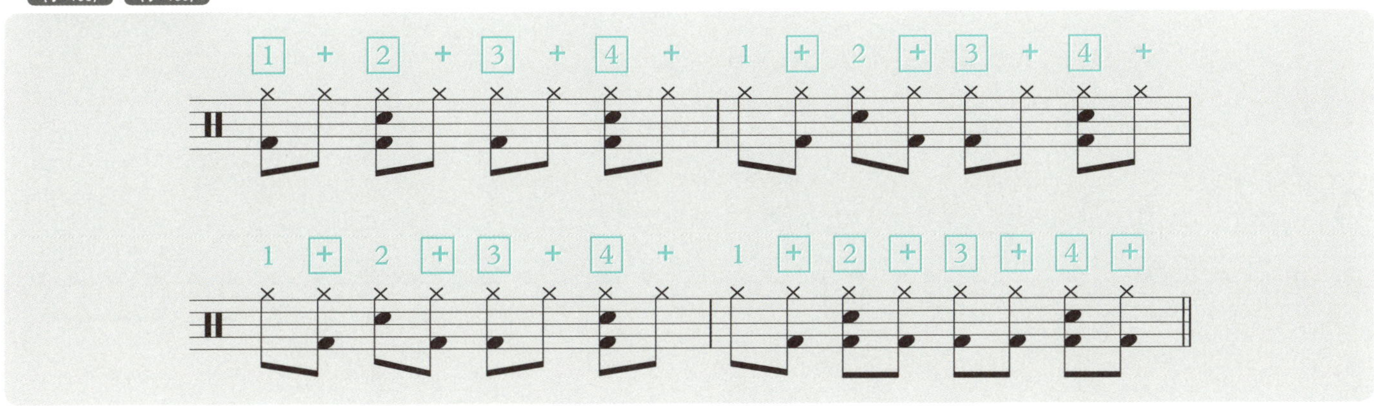

악보의 첫 번째 줄 4마디를 베이스라인으로 표현하며, 8th Notes 리듬 응용패턴으로 설명해 보았습니다.
나머지 마디도 똑같이 그려보고 연습해 보세요.

② 보사노바(Bossanova) Comping

(8th Notes 사운드는 1 +, 2 +, 3 +, 4 +)

A

B

C

D

TRACK 13-1 (♩. =100) TRACK 13-2 (♩. =150)

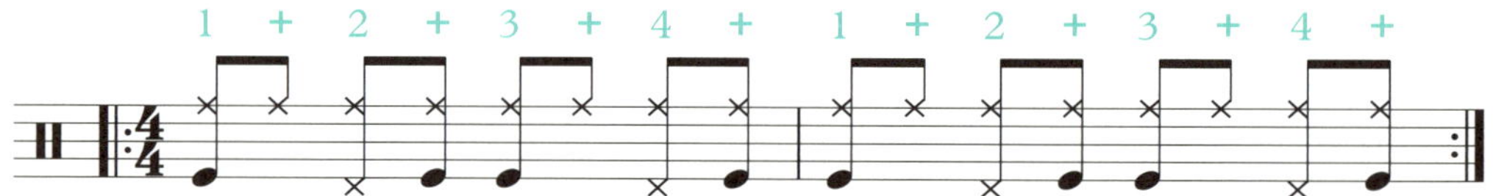

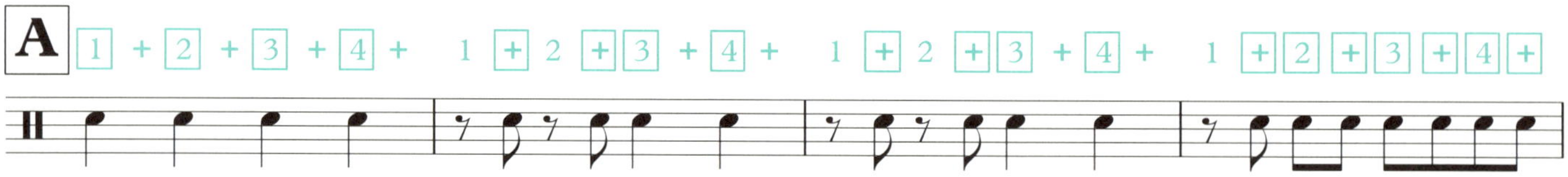

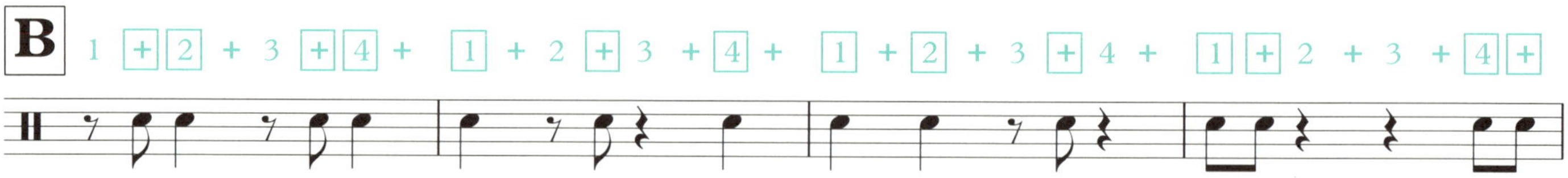

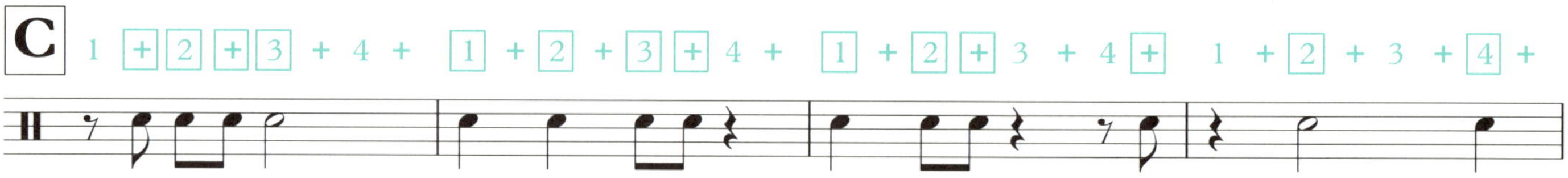

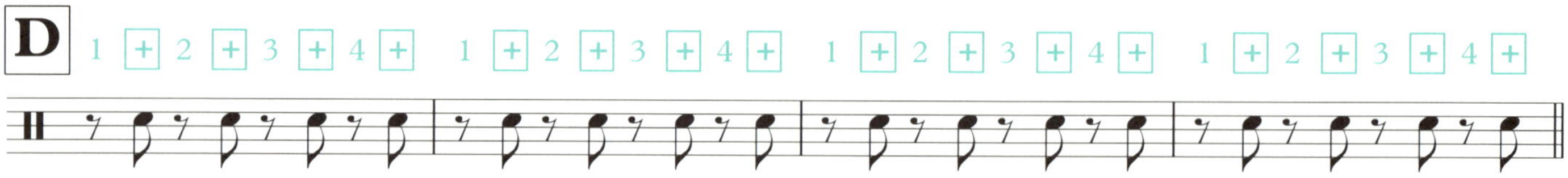

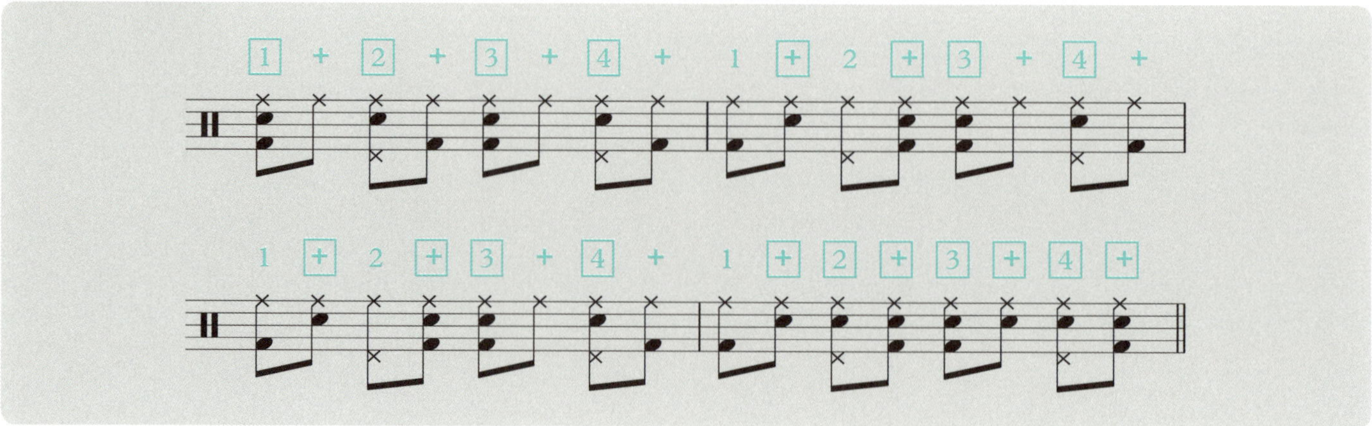

악보의 첫 번째 줄 4마디를 베이스라인으로 표현하며, 8th Notes 리듬 응용 패턴으로 설명해 보았습니다.
나머지 마디도 똑같이 그려보고 연습해 보세요.

③ 재즈(Jazz) Comping

재즈 컴핑은 8th Notes를 Triplet Notes로 표시해서 적용해야 합니다.

8th Notes가 Triplet Notes로 적용되는 것을 잘 이해해서 응용 패턴을 만들어 보세요.

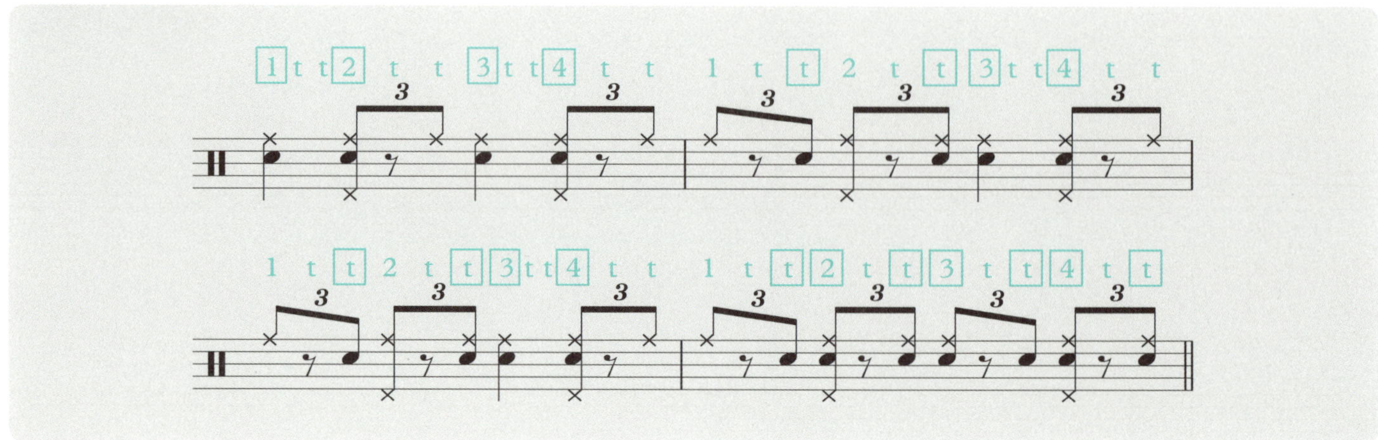

악보의 첫 번째 줄 4마디 8th Notes 악보를 Triplet Notes로 응용하여 설명해 보았습니다.
나머지 마디도 똑같이 그려보고 연습해 보세요.

④ 셔플 베이스 라인(Shuffle Bass Line)

Shuffle Rhythm =

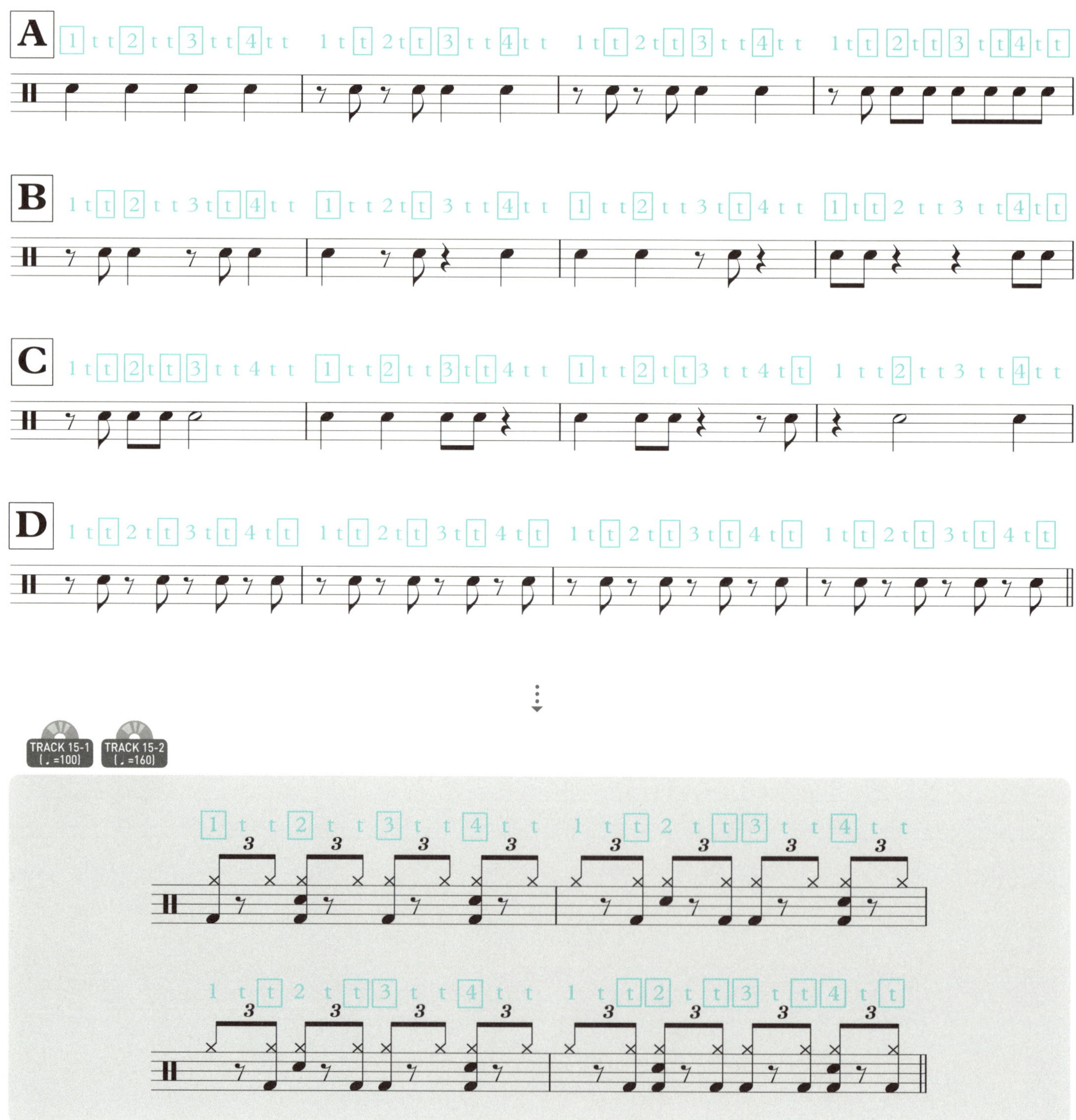

악보의 첫 번째 줄 4마디를 셔플 베이스 응용 패턴을 이용해 설명해 보았습니다.
나머지 마디도 똑같이 그려보고 연습해 보세요.

 Simple 8th Notes 응용 패턴 만들어보기

또 다른 심플한 8th Notes 악보를 보고 4가지 패턴으로 만들어 보세요.

① 8th Notes 리듬 응용 패턴

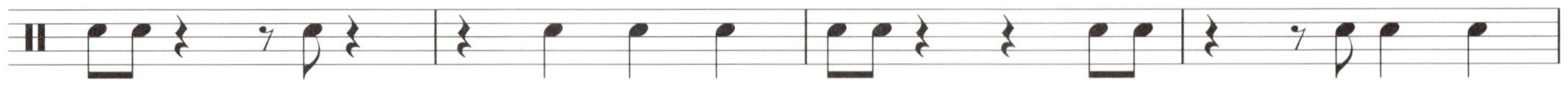

② 보사노바(Bossanova) Comping 응용 패턴

③ 재즈(Jazz) Comping 응용 패턴

④ 셔플 베이스 라인(Shuffle Bass) 응용 패턴

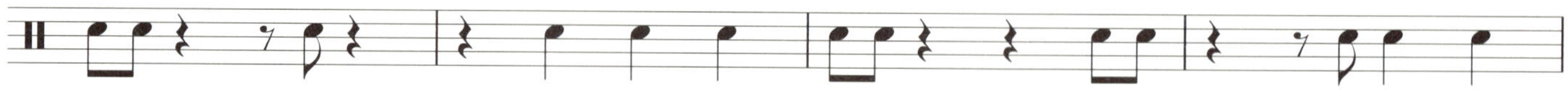

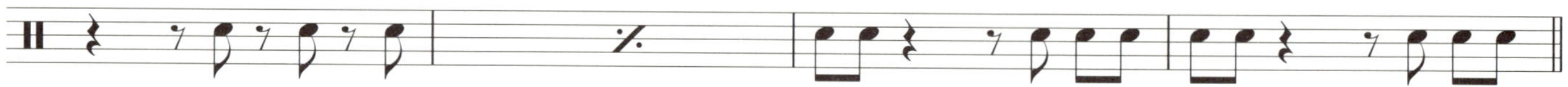

16th Notes에서 나올 수 있는 15가지 패턴으로 솔로(Solo) 만들어보기

먼저 〈리듬 트레이닝 1〉에서 공부했던 16th Notes 15가지 그룹패턴을 다시 한번 공부하며,
16th Notes 사운드로 연습해 보세요(1 e n d, 2 e n d, 3 e n d, 4 e n d).

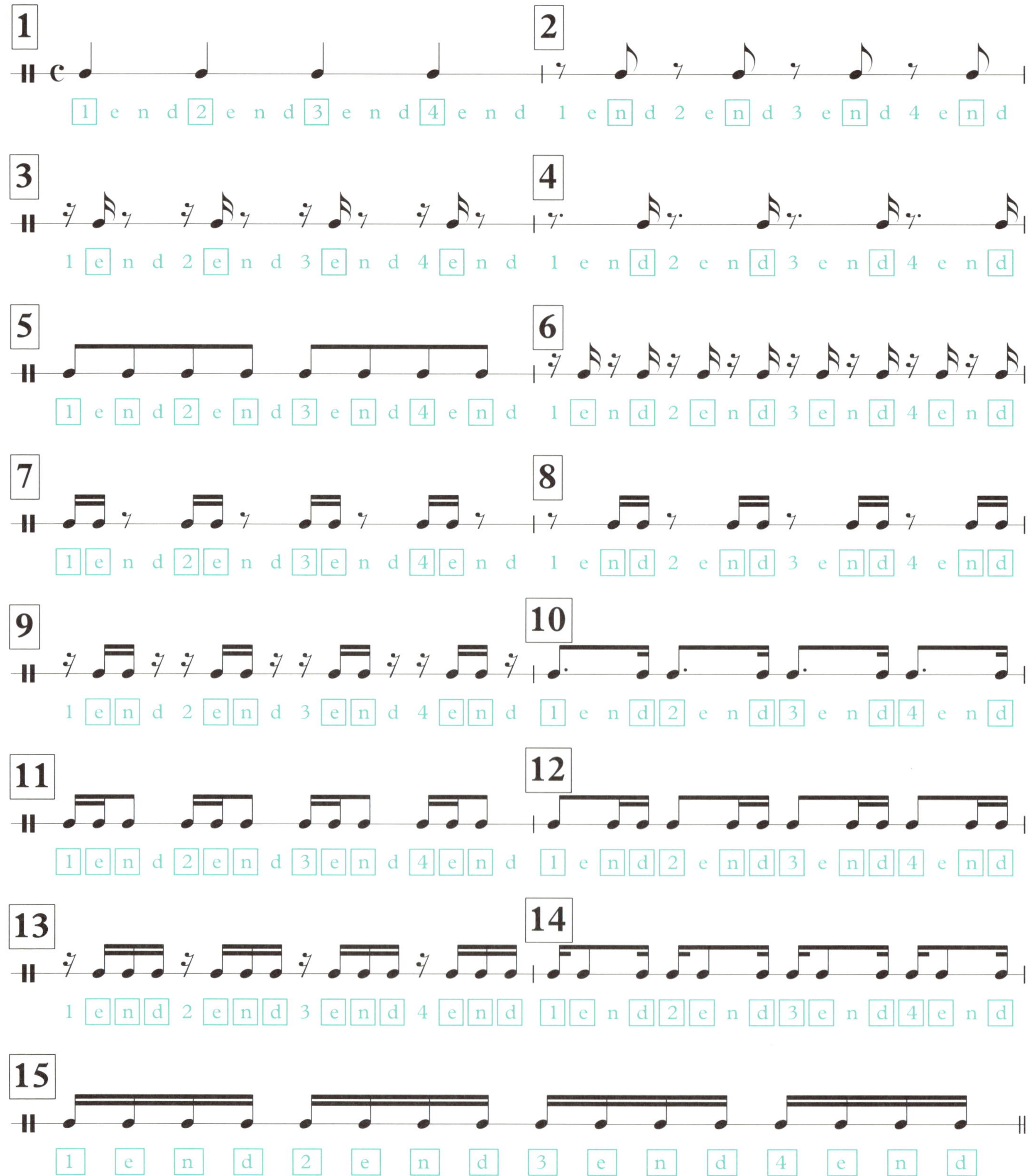

[연습 과제] 16th notes 15가지 응용 패턴 솔로(Solo) 만들기

〈리듬 트레이닝 1〉에서 연습했던 1~15번까지 16th Notes를 보고 패드나 스네어에서 사운드를 내며
악센트 연습을 했던 패턴에서, 악센트를 표시했던 노트에 베이스 킥도 같이 연주하는 방법입니다.
(16th Notes 사운드를 내면서 천천히 연습해 보세요.)

① 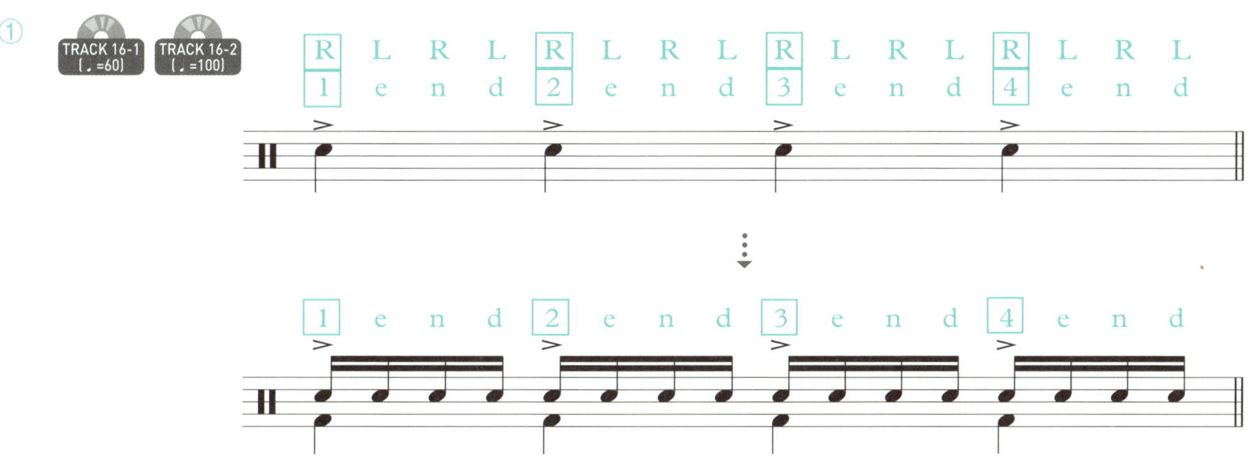

② 

③ 

④ TRACK 19-1 (♩=60)　TRACK 19-2 (♩=100)

⑤ TRACK 20-1 (♩=60)　TRACK 20-2 (♩=100)

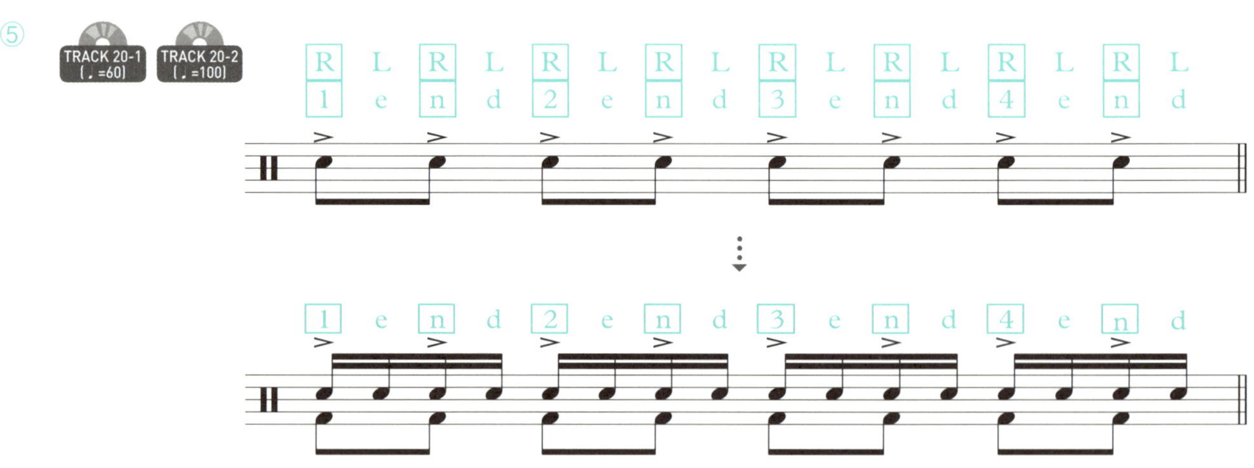

⑥ TRACK 21-1 (♩=60)　TRACK 21-2 (♩=100)

64

⑦ TRACK 22-1 (♩=60) TRACK 22-2 (♩=100)

⑧ TRACK 23-1 (♩=60) TRACK 23-2 (♩=100)

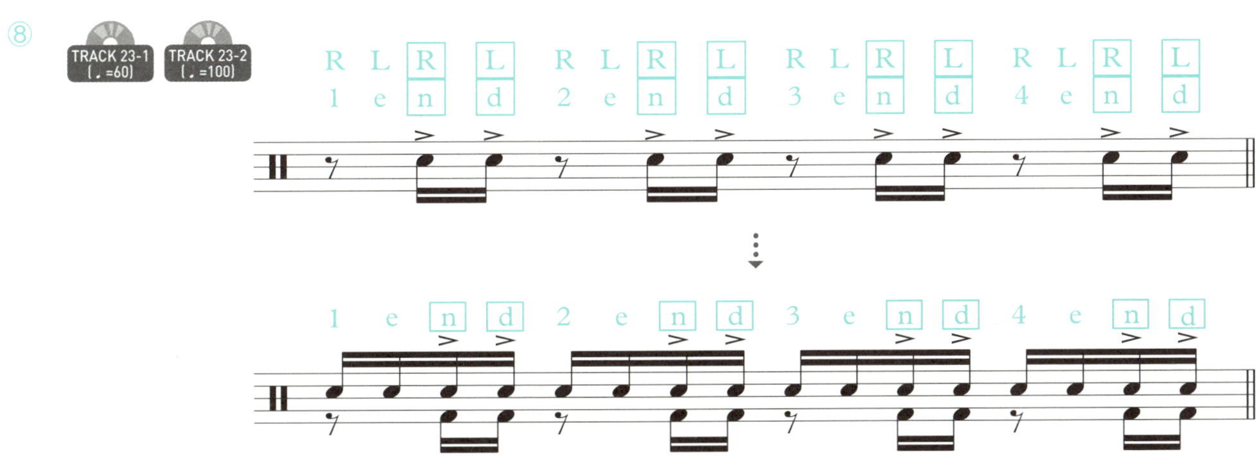

⑨ TRACK 24-1 (♩=60) TRACK 24-2 (♩=100)

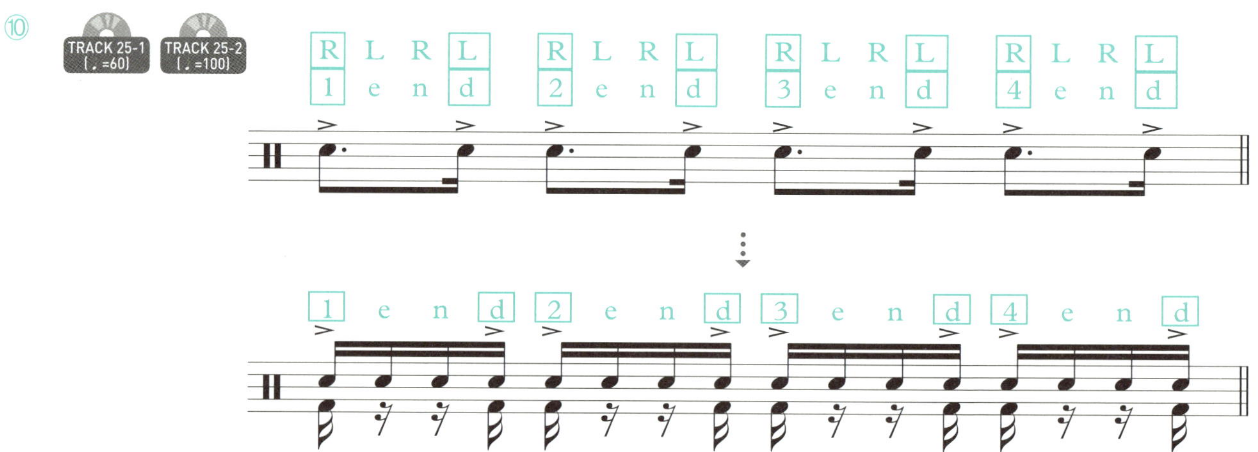

⑩
TRACK 25-1 (♩=60)
TRACK 25-2 (♩=100)
R L R L R L R L R L R L R L R L
1 e n d 2 e n d 3 e n d 4 e n d
1 e n d 2 e n d 3 e n d 4 e n d

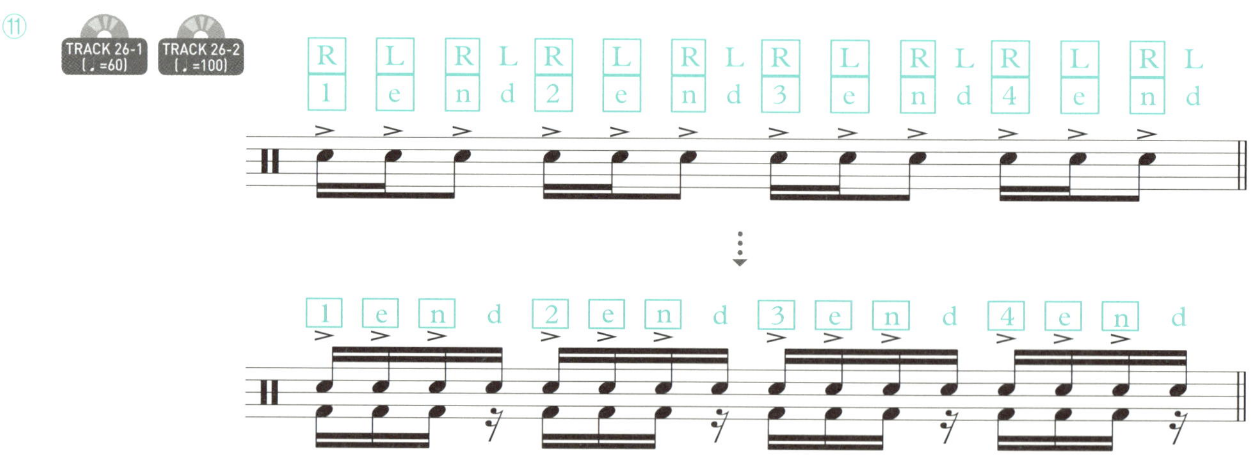

⑪
TRACK 26-1 (♩=60)
TRACK 26-2 (♩=100)
R L R L R L R L R L R L R L R L
1 e n d 2 e n d 3 e n d 4 e n d
1 e n d 2 e n d 3 e n d 4 e n d

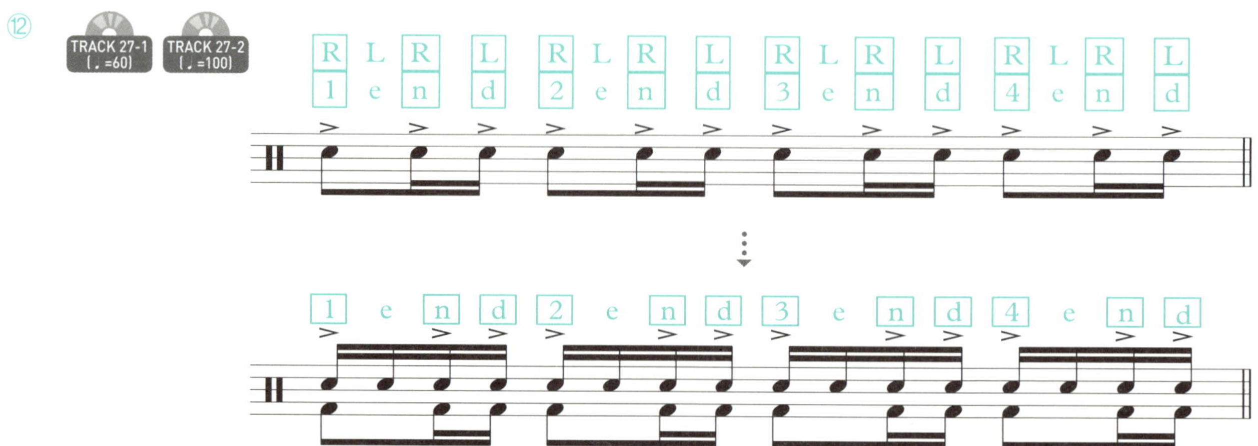

⑫
TRACK 27-1 (♩=60)
TRACK 27-2 (♩=100)
R L R L R L R L R L R L R L R L
1 e n d 2 e n d 3 e n d 4 e n d
1 e n d 2 e n d 3 e n d 4 e n d

⑬ TRACK 28-1 (♩=60) TRACK 28-2 (♩=100)

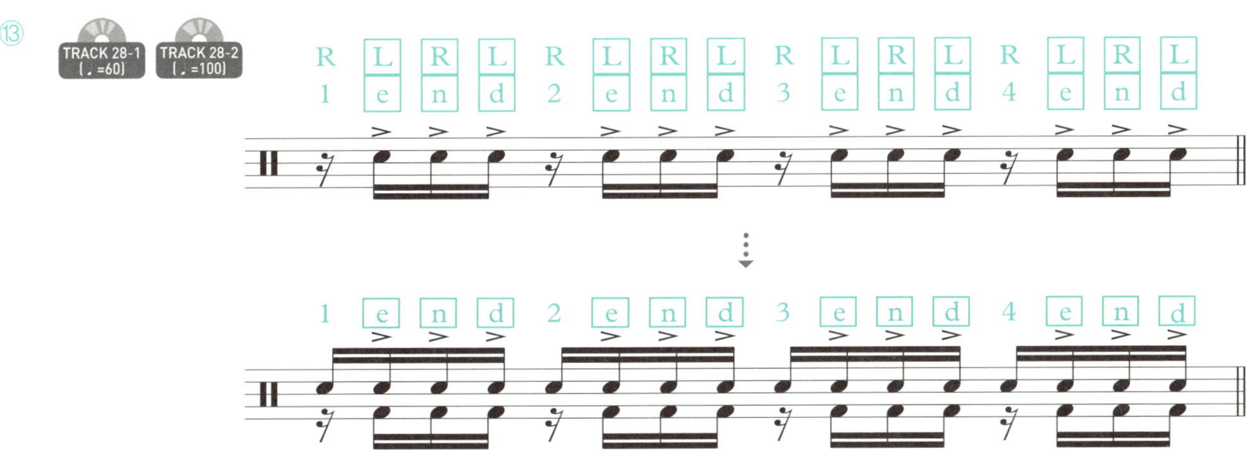
R L R L R L R L R L R L R L R L
1 e n d 2 e n d 3 e n d 4 e n d
1 e n d 2 e n d 3 e n d 4 e n d

⑭ TRACK 29-1 (♩=60) TRACK 29-2 (♩=100)

R L R L R L R L R L R L R L R L
1 e n d 2 e n d 3 e n d 4 e n d
1 e n d 2 e n d 3 e n d 4 e n d

⑮ TRACK 30-1 (♩=60) TRACK 30-2 (♩=100)

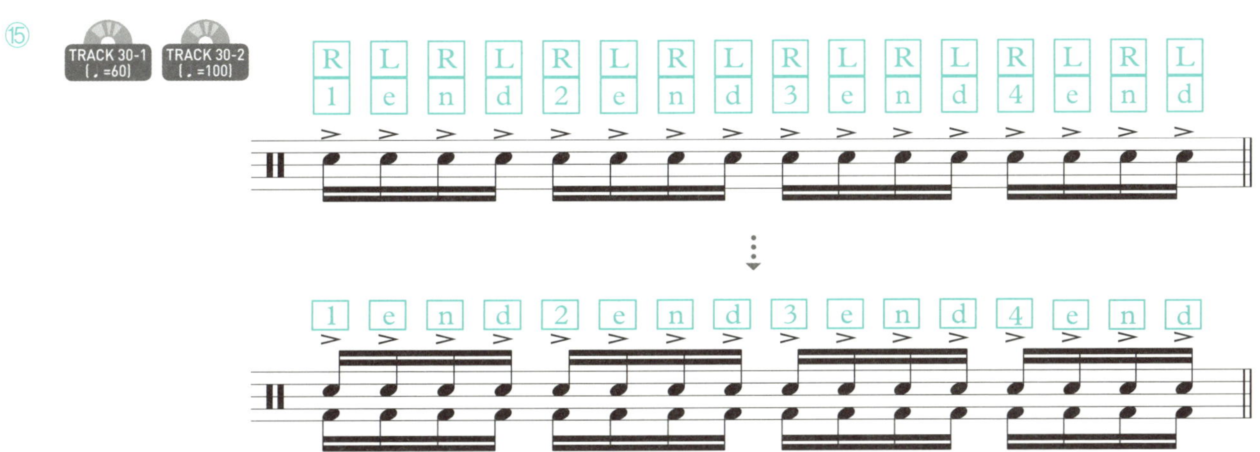
R L R L R L R L R L R L R L R L
1 e n d 2 e n d 3 e n d 4 e n d
1 e n d 2 e n d 3 e n d 4 e n d

| 아이디어 콘셉트 11 | **16th Notes를 이용한 탐 솔로(Tom Solo) 패턴**

악보에 맞게 스네어 드럼을 이용해 연습하세요. 악보 상 베이스 드럼이 들어가는 부분에
스네어 드럼 악센트가 들어가면 됩니다. 즉 16th Note로 스네어 드럼으로 연습하다가 손 번호가
붙은 부분에서 악센트가 들어가면 됩니다. 악센트가 들어가는 부분은 꼭 스네어를 치지 않고
하이햇이나 탐탐을 쳐도 됩니다. 그러나 반드시 스네어를 통해 선행 연습 후 넘어가도록 하세요.
1~10번까지 예제를 보고 연습 후, 본인이 직접 만들어 보세요.

(※ 1 – Hi-Hat, 2 – 1st Tom, 3 – 2nd Tom, 4 – Floor Tom)

(※ 스틱킹은 모두 〈R L R L〉입니다.)

① 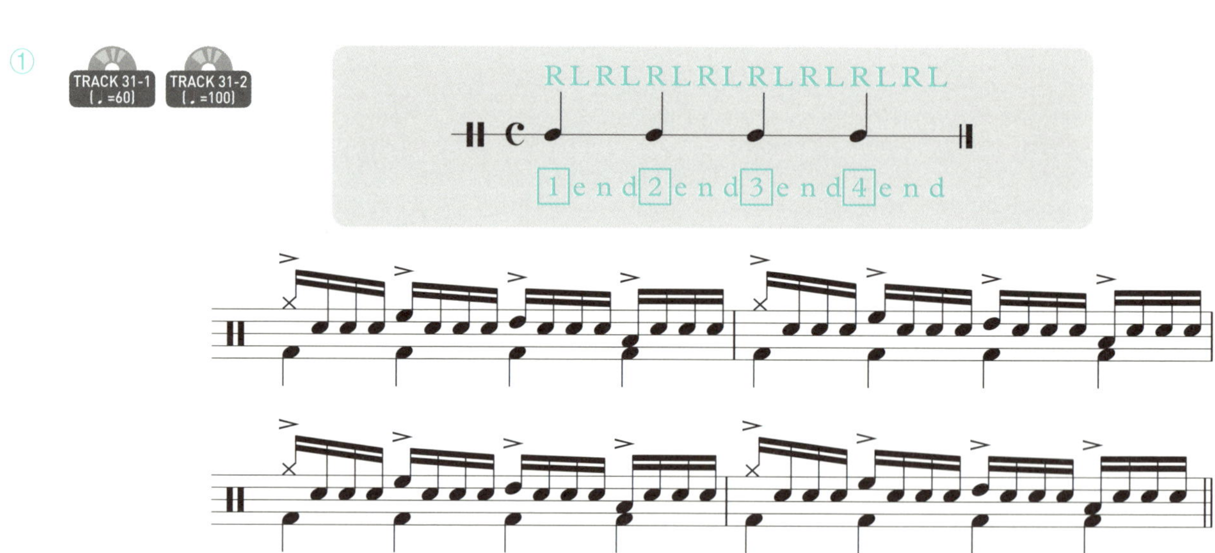

② 

③

TRACK 33-1 (♩=60)
TRACK 33-2 (♩=100)

L L L L
1 end 2 end 3 end 4 end

④

TRACK 34-1 (♩=60)
TRACK 34-2 (♩=100)

L L L L
1 end 2 end 3 end 4 end

⑤

TRACK 35-1 (♩=60)
TRACK 35-2 (♩=100)

R R R R R R R R
1 end 2 end 3 end 4 end

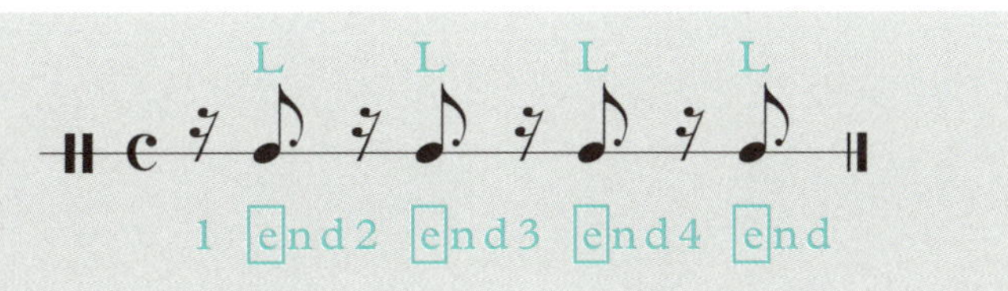

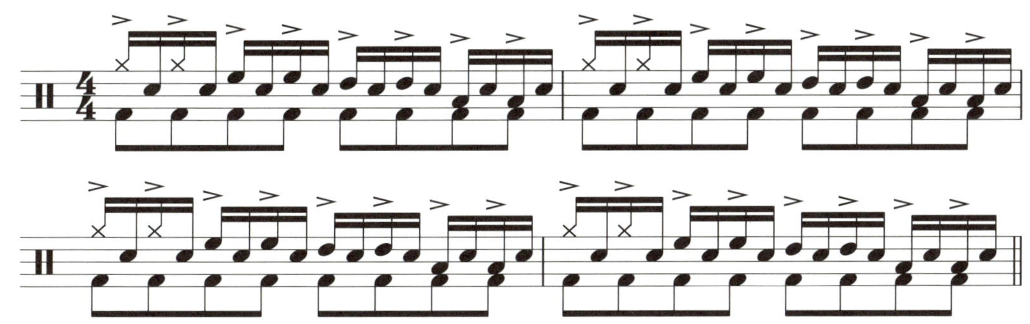

⑥  TRACK 36-1 (♩=60) TRACK 36-2 (♩=100)

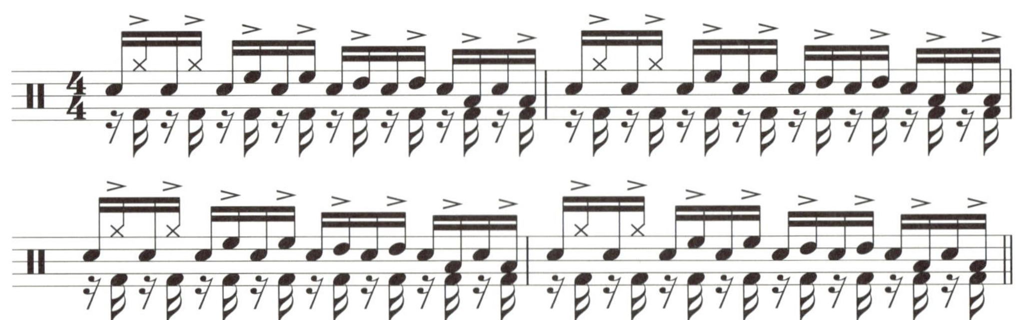

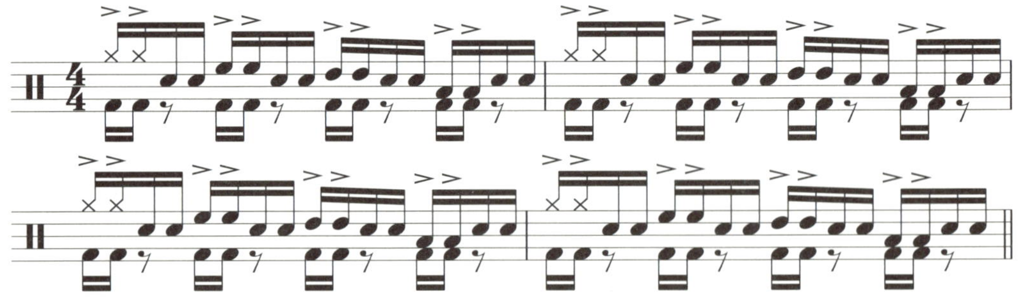

⑦  TRACK 37-1 (♩=60) TRACK 37-2 (♩=100)

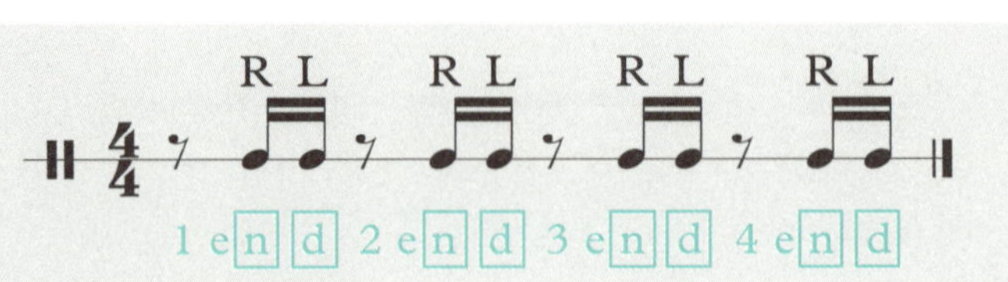

⑧ TRACK 38-1 (♩=60) TRACK 38-2 (♩=100)

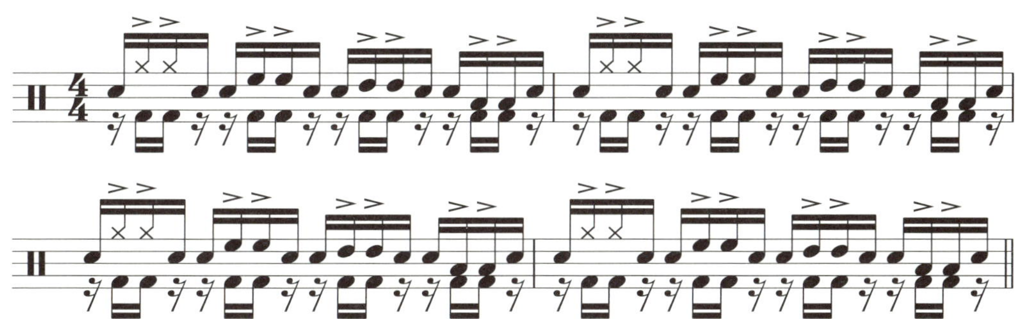

탐 솔로의 좋은 점은 드럼 세트를 모두 사용할 수 있는 패턴이라는 점과

모든 드럼 세트를 사용하면서 시야가 넓어지는 장점이 있습니다.

그리고 각자의 기량에 맞게 응용한다면 좋은 아이디어와 Fill In, Solo 등을 만들어낼 수 있습니다.

몇 가지 더 응용 패턴을 직접 만들어 보며 아이디어를 채워 나가세요.

| 아이디어 콘셉트 12 | 탐 솔로(Tom Solo) 응용 패턴

탐 솔로 응용 패턴에서 악센트 부분은 스네어를 뺀 나머지 어느 부분을 쳐도 무방하며,
악센트가 아닌 부분은 스네어를 치게 되는데, 작은 소리로 연주하면 됩니다.

탐 솔로 패턴을 한마디로 사용한다면 Fill in처럼 사용할 수 있으며, 2마디 이상으로 사용하면
Solo처럼 사용할 수 있습니다. 이 교재에서는 심플한 악보와 기초 이론을 가지고 다양하게
사용할 수 있는 방법을 배워 보았습니다. 자신의 기량에 맞게 응용해서 만들어보고 직접 연주하며
익힌다면 훌륭한 연주자가 될 수 있습니다.

저자_ **유상일**

저자약력 ▶▶

학력
- 경희대학교 포스트모던학과 수료
- 미국 MI(Musician Institute College of Contemporary Music) PIT 예술학사
- 경희대학교 아트퓨전디자인대학원 퍼포밍아트학과 석사

저서
- 아이디어 드럼 – 아름출판사(2013. 09)

Jazz Club
- 클럽 오뙤르, 에반스, 에반스 라운지, 광화문 kt 올레스퀘어 외 다수 클럽 공연

경력
- (현)서울실용음악고등학교 음악부장 및 드럼학과장
  중부대학교 실용음악과 외래교수 역임
  한양여자대학 실용음악학과 외래교수 역임
  백석예술대학교 실용음악과 외래교수 역임
  백석대학교 음악대학원 실용음악과 외래교수 역임
  명지대학교 문화예술대학원 교회음악과 외래교수 역임
- (전)경희대학교 교양학부 외(현)래교수 역임
  숭실대학교 콘서바토리 교회음악과 외래교수 역임
  호서대학교 기독연예학과 외래교수 역임
  계명대학교 뮤직프로덕션학과 외래교수 역임

활동사항
- (현) IPTV 방송 「유상일의 아이디어 드러밍」 방송 중(올레TV, SK 브로드밴드 TV, myLGtv)
- (현) 재즈밴드 The Beam, Golden Mate 활동 중
- 비(Rain) 6집 Back To The Basic 앨범 및 라이브 세션
- Nu Gospel Project 앨범 세션
- 재즈 밴드 Golden Mate 1집 앨범 세션 및 프로듀싱
- 재즈 밴드 The Beam 1집, 2집, 3집 앨범 세션
- 도경민 2집 앨범 세션
- MBC, CBS, 극동방송 라디오 공개방송 세션
- SMHS Drum festival 총 기획 및 연주(2009~2016)
- SMHS 드럼전쟁 시즌 1, 2 총 기획(2015~2016)
- 국회 강의 '한국 대중음악의 해외진출, 그리고 실용음악교육 현황'(2013. 01)

드럼을 위한
리듬 트레이닝 2
RHYTHM TRAINING

발행일 2017년 1월 30일
저자 유상일
음원제작 김수현

발행인 최우진
편집 윤영란 · **책임편집** 유경아 · **디자인** 우선영, 김은정, 이미라
영업 현석호, 신창식 · **관리** 양민선

발행처 스코어
출판등록 2012년 6월 7일 제 313–2012–196호
주소 서울시 마포구 동교로 13길 34(04003)
전화 02)333–3705 · **팩스** 02)333–3745

ISBN 979–11–5780–075–9 (13670)
979–11–5780–074–2 (세트)